학교 도서관에서 책 읽기

학교 도서관에서 책 읽기

ⓒ 백화현 외, 2005

2005년 10월 5일 처음 펴냄
2015년 1월 12일 9쇄 찍음

지은이 · 백화현, 강애라, 주상태, 송경영, 이현숙
펴낸곳 · (주)우리교육
펴낸이 · 신명철
주소 · (121-841) 서울시 마포구 월드컵북로 43
전화 · 02-3142-6770
팩스 · 02-3142-6772
등록 · 제313-2001-52호
홈페이지 · www.uriedu.co.kr

· 이 책의 내용을 쓰고자 할 때에는 출판사와 저자의 허락을 모두 받아야 합니다.
· 잘못된 책은 바꾸어 드립니다.
· 책값은 뒤 표지에 있습니다.

ISBN 978-89-8040-626-5   13370

· 이 책의 국립중앙도서관 출판시도서목록(CIP)은 e-CIP 홈페이지(http://www.nl.gp.kr/cip.php)에서
  이용하실 수 있습니다. (CIP제어번호: CIP2005001938)

학교 도서관에서 책 읽기

백화현 외 지음

우리교육

책을 펴내며

어린 나비의 작은 날갯짓처럼,
독서는 인간과 학교를 변화시킵니다

독서는 근래 우리 사회의 화두가 되었습니다. 교사는 물론이고 언론과 시민단체, 교육인적자원부, 기업인들까지 나서서 책을 읽자고 외치고 있지요. 아마도 우리 역사상 '책'이 이처럼 많은 이들의 관심 속에 놓인 적은 없을 것입니다. 그러나 왜 책인가, 이 물음에 대해서는 서로 다른 답들을 갖고 있는 듯합니다.

21세기 지식기반사회에서는 풍부한 지식을 바탕으로 무엇인가 새로운 것을 창조해 낼 수 있는 사람이 그 어느 때보다도 환영을 받게 될 것입니다. 독서가 유난히 관심의 대상이 된 것도 이런 이유 때문이겠지요. 그러나 깊이 들여다보면, 독서는 21세기에만 강조된 것은 아닙니다. 우리 선현들은 인간의 마음과 정신을 드높이는 데 '독서'만 한 것은 없다고 늘 강조해 왔습니다.

독서를 통해 인간 삶의 질을 높이고, 학교 도서관과 독서교육을 활성화하여 학교교육의 질적 변화를 일으키고자 하는 사람들이 모였습니다. 우리는 2002년 1월, 전국교직원노동조합(이하 전교조)이 개최한 제1회 전국참실대회에서 만나 '전국학교도서관담당교사모임'을 꾸렸습니다. 현재 10개 지역에서 모임을 만들어 학교 도서관 정책 마련과 활성화를 위해 노력하고 있으며, 인터넷 사이트 〈다음〉에 '학교 도서관을 살리는 교사들'이라는 카페를 만들어 많은 자료를 나누고 있습니다. 이 책을 쓴 사람들은 모두 서울지역 모임에서 활동하고 있습니다. 서울지역 모임에서는 주로 좋은 책을 선정하여 여러 학교와 나누고, 학교 도서관과 독서교육 활성화를 위한 프로그램을 개발하고 이를 실천하는 데 힘을 쏟고 있습니다. 이 책은 그런 노력의 첫 번째 결실입니다.

이 책은 크게 세 장으로 나뉘어 있습니다. 1장에서는 '왜 학교에서의 독서교육인가'라는 물음을 던져 독서가 어떻게 교육의 본질과 만나고 학교교육에 질적 변화를 가져올 수 있는지, 제가 경험한 누리중학교(가칭)의 구체적인 경험을 바탕으로 이야기를 풀어놓았습니다. 2장은 3장에서 자세히 다루고 있는 '36차시 단계별 독서수업'의 길잡이로서, 36차시 단계별 독서수업 프로그램이 만들어진 배경과 의미를 짚으며, 전체 틀을 한눈에 볼 수 있게 하였습니다. 3장에서는 36차시 독서수업의 구체적인 전개 방법을 차시별로 풀어놓았습니다.

36차시 단계별 독서수업 프로그램은 제가 누리중학교에 근무하던 2002년 초에 개발하여 전교생에게 적용한 프로그램입니다. 당시 누리중학교는 서울시 교육청 독서교육 연구학교였기에 쉽게 실천해 볼 수 있었습니다. 이후, 이 프로그램은 우리 모임 선생님들의 적극적인 호응을 얻어 여러 학교로 퍼져 나가게 되었습니다. 그들 가운데 이 책을 함께 쓴 중앙대부속중학교의 주상태 선생님, 신관중학교의 이현숙 선생님, 관악중학교의 송경영 선생님, 국사봉중학교의 강애라 선생님은 더욱 적극적으로 실천하며 미비했던 프로그

램을 수정하고 보완해 주었습니다.

　　이 프로그램은 독서 능력을 키우기 위한 프로그램입니다. 사람들이 책을 읽지 않는 가장 큰 이유는 책을 읽을 환경이 갖춰져 있지 않기 때문입니다. 그렇기 때문에 독서 환경만 잘 갖추어 주면 많은 사람들은 책을 손에 잡게 됩니다. 어린아이일수록 더욱 그렇지요. 그러나 철학·종교·문화와 관련된 인문서나 흔히 '양서'라고 하는 딱딱한 책들은 환경이 갖춰진다고 누구나 바로 읽을 수 있는 것은 아닙니다. 우선 필요성을 느껴야 하고, 읽고 이해할 수 있는 능력을 가져야 하겠지요.

　　독서를 통해 인간 삶의 질을 높이고 학교교육의 질적 변화를 일으키기 위해서는 흥미나 취미를 중심으로 한 독서만으로는 부족합니다. 앞선 여러 나라들처럼, 독서교육이 학교에서 좀더 체계적으로, 초등학교에서 고등학교까지 그 단계에 맞는 프로그램을 마련하여 지속적으로 이루어져야 할 것입니다.

　　이 프로그램은 중학교 수준의 독서교육 프로그램입니다. 본래 중학교 국어 시간이나 교과 재량과 창의적 재량 시간에 활용할 생각으로 만들었습니다. 그러나 읽기 자료만 조절한다면, 초등학교 고학년이나 고등학교에서도 활용할 수 있습니다. 또 가정에서 자녀의 독서교육을 직접 하고자 하는 부모가 있다면, 이 책에서 다룬 내용을 적절히 변형하여 활용할 수 있고, 학교에서는 특별활동 시간에 독서반이나 그 밖의 독서 동아리에서 활용할 수 있을 것입니다.

　　이 책은 어린 나비의 아주 작은 날갯짓에 불과합니다. 그러나 저는 그 가녀린 떨림이 일으키는 파동의 힘을 믿고 있습니다. 어설픈 몸부림에 불과하지만, 몇몇 사람들은 그 안에서 가능성을 발견하고, 더욱 세찬 날갯짓을 할 수 있을 것입니다.

　　이 책이 세상의 빛을 볼 수 있도록 힘써 준 우리교육 식구들에게 감사합니다. 또한 우리가 이런 작업을 할 수 있도록 바탕을 마련해 준 전국학교도서관담당교사모임의 류주형 선생님, 이덕주 선생님, 백병부 선생님, 이성희 선생님과 여러 서울지역 모임 선생님들께도 고마움을 전합니다. 그리고 오히려 우리를 가르치고 깨닫게 해 주며, 용기와 희망을 잃지 않게 해 주는 제자들, 새순 같은 우리 아이들에게 마음 깊이 사랑과 감사의 마음을 전합니다.

2005년 10월
글쓴이들을 대표하여 백화현

차 례

책을 펴내며 4

1장 왜 학교에서의 독서교육인가 8

누리중학교에서 생긴 일 10
교육의 본질에 관하여 묻다 20
사람을 성장시키는 독서의 힘 28
독서를 가로막는 것들, 그러나 방법은 있다 36

2장 독서수업, 방법 찾기 42

독서수업, 어떻게 할 것인가 44
단계별 독서수업 맛보기 46

3장 단계별 독서수업 들여다보기 58

1단계 ● 읽고 싶은 마음 다잡기 61

1차시 _ 독서의 세계로 끌어들이기 62
2차시 _ 세계의 도서관 들여다보기 66
3차시 _ 독서로 성공한 사람들 엿보기 71
4차시 _ 1학기 독서 계획 세우기 78
5차시 _ 자유로이 책 읽기(1) 86
6차시 _ 자유로이 책 읽기(2) 86
7차시 _ 가벼운 독후 활동 92

2단계 ● 중심 생각 끌어내기 99

8차시 _ 단편 소설 내용 요약하기 100
9차시 _ 모둠별 모범 줄거리 쓰기(1) 104
10차시 _ 10줄 감상 덧붙이기 110
11차시 _ 모둠별 모범 줄거리 쓰기(2) 114
12차시 _ 장면화 그리기(1) 116
13차시 _ 장면화 그리기(2) 120
14차시 _ 책갈피 만들기 126

3단계 ● 질문하며 생각 키우기 131

15차시 _ 작품 속 주인공 가상 인터뷰하기 132
16차시 _ 모둠 발표(1) 134
17차시 _ 작품 속 인물에게 말 걸기 138
18차시 _ 모둠 발표(2) 140
19차시 _ 지은이에게 말 걸기 144
20차시 _ 모둠 발표(3) 146
21차시 _ 독서 퀴즈대회 151

4단계 ● 분석하며 책 읽기 157

22차시 _ 2학기 독서 계획 세우기 158
23차시 _ 의미 지도 만들기 162
24차시 _ 구조표 만들기 166
25차시 _ 인물 분석하기(1) 170
26차시 _ 인물 분석하기(2) 170
27차시 _ 벤다이어그램 작성하기(1) 174
28차시 _ 벤다이어그램 작성하기(2) 174

5단계 ● 비판하며 책 읽기 179

29차시 _ 서양 명작 동화 다시 읽기(1) 180
30차시 _ 서양 명작 동화 다시 읽기(2) 182
31차시 _ 주제별 책 읽기(1) : 민족 분단 186
32차시 _ 주제별 책 읽기(2) : 토론 자료 만들기 188
33차시 _ 주제별 책 읽기(3) : 해결책 찾기 192

6단계 ● 작품 재창조하기 197

34차시 _ 패러디 작품 쓰기(1) 198
35차시 _ 패러디 작품 쓰기(2) 198
36차시 _ 작품 발표와 평가 202

우리 나라에서 학교를 다녀 봤거나 다니고 있거나 학교와 조금이라도 관계를 맺고 있는 사람이라면 누구나 우리 교육이 얼마나 입시교육으로 황폐화되었는지 잘 알고 있을 것이다. 우리 나라 인문계 고등학생들의 삶. 그들은 날이면 날마다 새벽부터 한밤중까지 문제집 더미 속에 묻혀 산다. 어디 고등학생뿐인가. 유치원, 아니 뱃속에서부터 아이들은 일류대를 목표로 '공부'를 강요당한다.

우리 나라 학생들은 자신들이 잘못된 교육의 피해자라는 것을 잘 알고 있다. 그렇기에 울분도 많다. 그러나 이들이 어른이 되었을 때, 학부모는 학부모대로 교사는 교사대로 교육청과 교육부는 그들대로, 똑같이 아이들을 다시 입시 지옥으로 내몬다. 그것이 현실에서 살아남을 수 있는 방법이기에 어쩔 수 없다는 이유 때문이다. 고

왜 학교에서의 독서교육인가

누리중학교에서 생긴 일
교육의 본질에 관하여 묻다
사람을 성장시키는 독서의 힘
독서를 가로막는 것들, 그러나 방법은 있다

등학생이었을 때부터, 그리고 교사가 되고 학부모가 되어서까지, 이 문제는 나를 끈질기게 괴롭혀 왔다. 왜 우리는 이 악순환의 고리를 끊어 버리지 못할까. 도대체 어디서부터 풀어 나가야 할까.

몇 년 전 나는 독서교육에서 이 문제의 실마리를 찾을 수 있었다. 물론 독서교육만으로 우리 교육의 모든 문제를 해결할 수는 없다. 그러나 독서교육은 분명히 문제의 핵심을 건드려 줄 수 있다고 생각한다. 학교마다 독서교육이 제대로만 이루어진다면, 교육도 원래의 모습을 웬만큼은 되찾을 것이고, 공교육 기관인 학교도 제 역할을 해낼 것이며, 우리 사회에도 커다란 질적 변화를 일으킬 수 있으리라고 본다. 독서교육이 어떻게 교육의 본질과 만나고 학교교육의 정상화에 영향을 미칠 수 있는지, 구체적인 체험을 바탕으로 하나씩 짚어 본다.

누리중학교에서 생긴 일

나는 1998년부터 2002년까지 관악구에 있는 누리중학교(가칭)에서 근무했다. 이 학교는 흔히 말하는 '달동네' 아이들이 대부분인, 경제적으로 매우 열악한 지역의 학교였다. 1998년 누리중학교로 발령 나기 얼마 전, 나는 여러 선생님들을 통해 어려운 학교 사정을 들을 수 있었다. 게다가 10년 넘게 이 지역에 살고 있던 터라 예전부터 학교 형편에 대해서 어느 정도는 알고 있었다. 그럼에도 나는 부임 첫날부터 큰 충격을 받았다. 많은 교사들이 그렇듯, 담임을 맡게 된 나는 먼저 아이들의 성적을 훑어보았다.

32, 43, 62, 56, 82, 75, 44······.

세상에! 평균이 63점이나 될까? 90점이 넘는 아이는 딱 한 명뿐이었다. 전 근무지였던 가람중학교(가칭)에서는 반 아이들이 열 명이 더 많긴 했지만, 90점 이상이 보통 스무 명은 되었다. 그리고 언제나 반 평균이 82점 정도는 되었는데······. 당연히 차이가 날 것이라고는 생각했지만 이 정도일 줄은 몰랐다. 그런데다 가정환경 조사서를 보고는 더욱 마음이 착잡했다. 부모의 직업은 건축 일용

직이 대부분이었고, 부모의 학력이 대학 졸업 이상인 아이는 둘뿐이었다. 이 역시도 가람중학교와는 아주 달랐다.

'이게 현실이구나. '가난의 세습'이란 게 빈말이 아니었구나!'

모르던 일도 아니었건만 직접 내 눈으로 확인하고 보니 맥이 탁 풀렸다. 한편으로는 이런 문제로 우울해하는 내가 더 한심스러웠다.

'공부 못하는 게 그리 큰 문제인가? 또 좀 가난하면 어때? 난 지금까지 삶의 질은 가난이나 공부와는 별로 상관이 없다고 말해 왔지 않은가?'

이렇게 마음을 다잡았지만 며칠 지나지 않아 나는 더 큰 충격을 받았다. 수업할 때 아이들이 보여 준 반응 때문이었다.

나는 오래 전부터 첫 수업 시간이면 꼭 아이들에게 나의 개인적인 이야기를 들려준다. 내가 살아온 길과 삶에서 중요하게 생각하는 것, 또 내가 교육을 통해 이루고 싶은 꿈, 우리 가족 이야기를 들려주고, 아이들에게도 나처럼 자신이 걸어온 길과 가족, 삶에서 중요하게 생각하는 것과 꿈 이야기를 글로 써 오게 한다. 첫 시간에 이런 일을 하는 까닭은 아이들의 내면 세계를 좀더 빨리 알고 싶다는 욕심과 교육은 무엇보다도 인간적인 만남을 바탕으로 하지 않으면 안 된다는 생각 때문이다.

그런데 아이들이 써 온 글이라니! 한 반 아이들(32명 내지 34명)의 글을 나는 30분도 채 되지 않아 다 읽고 말았다. 분명히 한 쪽 내지 한 쪽 반을 써 오게 했음에도, 많은 아이들이 반 쪽도 채 써 오지 않았다. 거기에 내용마저 너무 형식적이어서("나는 언제 태어나 어느 초등학교를 졸업했고, 몇 년도에 누리중학교에 입학하여 1년을 보내고 지금 2학년에 재학 중이다. 가족은 몇 명이고, 누구누구가 내 친구다. 꿈은 아직 잘 모르겠다."는 식의 서술.) 읽을 게 없었던 것이다.

다시 가람중학교 아이들과 비교가 되었다. 가람중학교에서 나는 아이들이 써 온 글을 읽느라 퇴근 시간을 넘기기 일쑤였다. 한 쪽을 써 오라 하면 두 쪽을 써내는 아이들. 내용도 풍부하고 표현도 저마다 달라 읽는 데 얼마나 즐거웠는지 모른다. 읽다 보면 꼭 밑줄을 긋고 싶은 데가 있었고, 답글을 달고 싶은 마음이 들었다. 그리고 아이들의 꿈도 얼마나 야무졌던지! 미국 NASA에 들어가 우주 항공학을 공부해 보고 싶다는 아이가 있는가 하면, 레비스트로스 같은 문화 인류학자가 되고 싶다는 아이도 있었다. 수업 시간에 아이들이 보이는 반응 역시, 누리 중학교 아이들은 말이 조금만 어려워도 딴 짓을 하며 쉽게 흥미를 잃었고, 《안네의 일기》나 《어린 왕자》의 책 이름조차 들어 본 적 없는 아이들도 많았다.

'공부를 못하는 게 큰 문제는 아니다. 가난 역시 사람에 따라서는 별 문제가 아닐 수 있다. 그러나 꿈도 없고 아는 것도 없고 생각할 줄도 모르면 어떡한단 말인가! 대체 이 아이들을 어찌해야 하는 것일까…….'

무척이나 헤맸다. 아이들에게 생각할 수 있는 힘을 길러 주고 꿈을 꿀 수 있게 도와주고는 싶은데, 대체 어떻게 해야 할지, 또 그게 진정으로 이 아이들을 위한 것인지, 내게 그럴 힘이 있기나 한지, 꼬리에 꼬리를 무는 의문과 회한으로 나는 2년 동안 갈팡질팡했다.

그러던 어느 날이었다. 2000년 4월, 서점에 가느라 버스를 탔다. 무심히 밖을 내다보는데, 벼락처럼 생각 하나가 꽂혔다. '맞아, 책, 바로 책이야!' 머릿속은 순식간에 책으로 가득 찼다. '그래, 이 아이들에게 내가 해 줄 수 있는 최고의 일은 책을 읽을 수 있도록 도와주는 일이다!' 내 머릿속에 똬리를 틀고 앉은 '책'은, 생각을 거듭할수록 우리 아이들에게 가장 필요한 것이라는 확신으로 이어졌다.

우리 아이들의 가장 큰 문제는 바로 '생각하는 힘'이 부족한 것이다. 이 때문에 자의식이 약하고, 따라서 '꿈'도 마음껏 꾸지 못했다. 학교 공부야 잘할 수도 있고 못할 수도 있다. 또 살아가는 데 기본 바탕이 되는 의식주만 해결된다면, 가난은 오히려 스스로 선택할 수도 있다. 그러나 '생각하는 힘'이 없다면 어떻게 자기 삶을 스스로 이끌어 갈 수 있겠는가. 옳고 그름에 대한 판단, 앎의 기쁨, 창조의 즐거움, 문화의 향유……. 이 모든 것은 생각하는 힘을 바탕으로 얻게 되는 것이다. '꿈' 역시도 이런 생각이 활발할 때 생겨나고 키울 수 있는 것이지, 아무 바탕도 없는 상태에서 갑자기 툭 튀어나올 수는 없다.

　　우리 아이들의 생각이 아직도 초등학교 저학년 수준에 머물러 있는 것은 무엇보다 생각을 풍부하게 키우고 지속적으로 단련시켜 나갈 기회가 적었기 때문이다. 1년에 교양도서 한 권도 제대로 읽지 않은 채 지내 왔으니 어떻게 생각이 자랄 수 있었겠는가. 생각 키우기에 독서만큼 좋은 것은 없다. 이 길이 더디고 멀긴 하지만, 삶이라는 긴 여정을 놓고 보면 이 길만큼 빠른 길도 없지 않은가.

　　생각이 여기에 이르자, 나는 서둘러 아이들에게 독서의 중요성을 강조하며 책을 읽도록 권유하기 시작했다. 나름대로 독서교육 프로그램도 개발하여 이런 저런 시도도 해 보았다. 그러나 14년간 책과는 완전히 담을 쌓고 산 아이들을 책의 세계로 끌어들이는 일은 쉽지 않았다. 집에서고 학교에서고 아이들에게 책을 마음껏 공급해 주는 곳이 없다 보니 더욱 그랬다. 독서교육의 필요성과 함께 학교 도서관의 중요성을 절실히 깨닫게 된 것은 바로 이때부터였다.

　　학교 도서관이 잘 갖춰져 있다면, 가난한 아이든 부자 아이든, 또 독서의 중요성을 깨닫고 있는 부모를 가진 아이든 그렇지 않은 아이든, 학교에서 책을 가까이할 수 있는 기회를 공평하게 제공받을 수 있을 것이다. 그렇지 않다면, 가난한 아이들과 독서의 중요성을 깨닫지 못한 부모를 가진 아이들은 어찌 될 것인가? 공교육의 진정한 가치는, 어떤 아이든 자신의 외적인 조건에 관계없이, 교육을 통해 자신의 품성과 능력을 키워 나갈 수 있도록 돕는 데 있을 것이다. 그렇다면 학교 도서관을 활성화시켜서 아이들이 어렸을 때부터 좋은 책을 읽을 수 있게 도와주는 일이야말로 교육의 가치를 가장 효과적으로 실현해 낼 수 있지 않겠는가. 그런데 왜 지금까지 우리는 학교 도서관에 그다지도 무심했을까……

당시 누리중학교 도서실은 여느 학교와 마찬가지로 창고처럼 방치되어 있었다. 도서실 담당 교사가 있었지만, 예산도 없는 데다 처음부터 형식적인 업무로 주어진 탓에, 도서실 문은 언제나 잠겨 있었다. 어쩌다 점심 시간이나 방과 후에 잠깐씩 열릴 뿐이었고, 새 책이 들어오는 일도 좀체 볼 수 없었다. 그러다 보니 도서실 이용자도 거의 없었고, 하루 대출량이 한 권도 채 되지 않았다. 그러나 이런 상황에 대해 아무도 문제를 제기하지 않았다. 나도 그랬다. 아이들에게 책의 중요성을 강조하며 읽으라고만 했지, 그 환경을 학교가 마련해 주어야 한다는 생각은 하지 못했던 것이다. 그만큼 우리에게 학교 도서관은 낯설기만 한 곳이었다.

누리중학교 아이들에게는 무엇보다도 도서실이 필요했다. 아이들이 책을 좋아하고 그 가치를 깨달을 수 있는 곳, 자아를 발견하고 구체적인 꿈을 꿀 수 있는 곳, 자기 울타리를 벗어나 더 넓은 세상을 체험해 볼 수 있는 곳, 도서실이야말로 이 모든 일을 가능하게 해 줄 수 있는 곳이라고 생각했다.

그러나 현실은 막막하기만 했다. 도서실을 활성화하려면 아이들이 읽을 만한 책이 있어야 하고, 용도에 맞는 시설과 쾌적한 환경도 갖추어야 한다. 또 계속 새 책도 구입해야 하고, 아이들을 끌어들이기 위한 다양한 행사도 마련해야 할 텐데, 누가 이 일을 하고 예산은 또 어떻게 마련한단 말인가. 나는 도서실을 운영해 본 경험도 없고, 컴맹에 가까운 사람인데 말이다.

그렇지만 워낙 이 일이 중요하다고 생각했기에, 우선 친한 동료 교사들에

1장

누리중학교에서 생긴 일

▲ 우리에게 학교 도서관은 낯설기만 한 곳이었다. 그러나 우리 아이들에게는 자아를 발견하고 꿈꿀 수 있는 곳, 무한한 세상을 체험해 볼 수 있는 공간이 필요하다. 도서관은 이 일을 가능하게 해 줄 것이다.

게 내 생각을 알리기 시작했다. 그리고 기회가 닿는 대로 주위의 부장 교사들에게도 이야기했다. 때마침 2000학년도 2학기에는 교육청에서 도서실 전산화에 필요한 예산을 내려 보냈고, 도서실 활성화의 필요성을 강조한 공문도 계속 보내어, 일이 뜻밖에 순조롭게 풀려 나갔다. 그리고 그해 12월, 나는 뜻이 맞는 동료 교사들과 함께 우리 학교 교사들을 대상으로 '학교 변화를 위한 교사 대토론회'를 열었다.

뜻이 있는 곳에 길이 있다더니, 토론회에는 서른 명도 넘는 교사들이 참여하여 '학교 변화를 위해 교사가 할 수 있는 일들'에 대해 열띤 토론을 했고, 무엇보다 도서실 활성화 문제를 본격적으로 고민하게 되었다. 이날 교감 선생님은 누군가 도서실 활성화에 앞장서 준다면 학교에서도 가능한 모든 지원을 아끼지 않겠노라는 약속까지 했다.

결국 자의 반 타의 반으로 나는 2001년에 도서실 운영을 맡게 되었다. 십진 분류가 무엇인지도 모르던 나였지만, 책도 구해 읽고 여러 사람들의 도움을 받아 20여 일 만에 누리중학교의 도서실은 완전히 새로운 모습으로 바뀌었다. 그러나 막상 도서실을 열고 운영할 생각을 하니 앞이 캄캄했다.

'도서실 환경을 정비하는 일이야 크게 어려울 것도 없다. 그러나 이제부터는 아이들을 도서실로 끌어들이기 위한 행사를 적극적으로 전개해 나가야 한다. 달마다 새 책을 구입하여 전산화 작업도 해야 할 텐데 그런 일을 어떻게 다 해 나갈 수 있을까? 또 막상 아이들이 도서실에 쏟아져 들어오면, 시간마다 누가 그 아이들을 모두 감당하지? 내가 정작 중요하게 여길 일은 수업인데, 수업하며 이 많은 일들을 어떻게 다 해낼 수 있을까?'

너무 욕심 부리고 있다는 생각이 들었다. 잘못하다가는 수업은 수업대로 엉망이 되고, 도서실 운영은 용두사미 꼴이 되고 말 것 같았다. 그때부터 사서 교사 채용 문제를 진지하게 생각하게 되었다. 당시 서울에서는 장승중학교(동작교육청 관내)만이 학교 예산으로 계약직 사서 교사를 채용하고 있었다. 그러니 이미 예산 심의도 끝난 마당에, 이제 와서 '사서 교사' 운운한다면 학교 측에서는 얼마나 기가 막힐까. 그렇다고 도서실 사업을 대폭 줄일 수도 없는 노릇이고……. 참 난감했다. 학부모 도우미 활용 방법도 생각해 보았지만 도움을 청할 학부모도 마땅치 않았다. 도서반 아이들 역시 아직은 힘이 모자랐다.

생각을 거듭한 끝에, 나는 수업도 도서실 운영도 포기할 수 없다는 결론을 내렸다. 그렇다면 해결책은 하나, 사서 교사를 채용해야만 하는 것이다. 교장실에 들어가 자초지종을 이야기하며 사서 교사를 채용해 달라고 했다. 교장 선생님은 난감해했다. 예년에 비해 도서실 운영비를 열 배나 올려서 책정한 상태에서, 또다시 그 예도 찾아보기 힘든 사서 교사까지 채용해 달라니 난감해하는 건 당연했다.

그러나 그만한 가치가 충분한 일이었기에, 나는 끈질기게 설득했다. 그때 나는 만약 학교에서 사서 교사를 채용할 수 없다면, 후원금을 모아서라도 그 문제를 꼭 해결하리라 결심을 굳혔다. 며칠 뒤, 연구부장 선생님의 도움으로 교장 선생님과 장승중학교를 방문할 수 있었다. 함께 교장 선생님 설득에 나선 것이다. 그리고 3월 30일, 다행히도 교장 선생님의 허락이 떨어졌다. 10개월간 월 60만 원(60만 원, 참 말도 안 되는 소리지만 당시 상황이 그랬다.) 선에서 사람을 찾아보라는 것이었다. 그 결과 이튿날 바로 사서 교사를 채용하여 4월 1일부터 함께 일할 수 있게 되었다.

누리중학교 도서실은 곧바로 생기를 띠었다. 사서 교사는 장서 정리와 도서 대출·반납, 새 책 구입과 분류, 전산화 작업과 같은 도서실 관리 업무를 맡고, 나는 도서실 행사와 소식지 발행 같은 독서교육 일을 맡았다. 이런 노력 덕분인지, 책과는 담을 쌓고 살던 아이들이 점점 책 주위로 모여들었다. 만화책과 잡지는 대출해 주지 않았는데도, 하루 평균 대출 도서가 80~100권으로 금세 뛰어올랐다. 덕분에 아이들의 글도 알차고 풍부해져 걷어 읽는 재미도 되살아났다. 뒤로 미루어 두었던 토론 수업과 발표 수업도 서서히 진행할 수 있었다.

2002년에는 누리중학교가 서울시교육청 독서교육 연구학교로 지정되어, 체계적인 프로그램을 바탕으로 독서교육을 진행했다. 도서실은 하루 종일 발 디딜 틈도 없이 북적거렸다. 이제 학교 도서관은 아이들과 선생님들의 발길이 끊이지 않는 낯설지 않은 곳이 된 것이다.

1장

누리중학교에서 생긴 일

▲ 도서관 시설과 전문 사서 교사, 체계적인 독서교육 프로그램이 갖춰지면, 도서실은 곧바로 생기를 띤다.

1장_왜 학교에서의 독서교육인가

교육의 본질에 관하여 묻다

누리중학교의 경험은 교육의 본질과 학교(공교육 수행 기관으로서의 학교)의 역할에 대해 진지하게 다시 생각해 보는 계기를 마련해 주었다. 교육은 왜 필요한가? 학교가 존재해야 하는 이유는 무엇일까? 결론부터 말하면, 교육의 목적은 '인간의 질적 성장'에 있다고 생각한다. 그리고 학교의 진정한 가치는 모든 아이들에게 교육을 통해 자신을 질적으로 성장시킬 수 있는 기회를 공평하게 제공해 주는 데 있다고 본다.

교육은 '인간'을 대상으로 한다. 그렇기 때문에 인간을 어떻게 보다 '인간답게' 키워 낼 것인가에 대해 끊임없이 연구하고 실천해야 한다. '인간답다'는 말은 참 어렵고 복잡한 말이다. 기원전부터 지금까지 수많은 철학자들이 이 말에 매달리고 있지만 아직도 하나의 '정답'을 얻지는 못했다. 그러나 분명한 것은, 이 말이 인간의 외면보다는 내면, 물질보다는 정신에 더 주목한다는 것이다. 따라서 인간을 보다 인간답게 키워 내기 위한 교육은, 어떻게 하면 교육을 통해 인간을, 또 인간의 삶을 '질적으로 성장'시킬 것인가에 초점을 맞춰야 한다.

그렇기에 교육에서 가장 중요하게 다루어야 할 것은 바로 '인성교육'이다. 인성교육을 통해 사람들이 자기 안의 이기심을 극복하고 남을 배려할 줄 아는 선한 마음을 키워 나가도록 도와주고, 옳고 그름에 대한 분별력을 키울 수 있도록 하며, 자기 삶의 주인으로 살아갈 수 있도록 끌어 줘야 한다. 이런 교육이 제대로 이루어질 때 사람들은 자기 삶을 좀더 주인 되게, 그리고 선하고 진실되게 살아갈 수 있을 것이다. 이것은 인간을 질적으로 성장시키는 매우 중요한 작업이다.

다음으로 우리 교육에서 중요하게 다루어야 할 것은 '재능교육'이다. 아이들 속에 있는 여러 능력들을 스스로 발견할 수 있게 하고 그것을 키워 주는 일, 이는 아이들에게 꿈을 꾸게 하고, 그 꿈을 실현할 수 있도록 도우며, 생활에 필요한 경제 능력을 갖추는 데에도 큰 도움이 된다. 자기가 하고 싶은 일을 발견하고 이루어 내는 것은 인간의 행복이나 삶의 의미와 깊은 관계를 맺는다. 물론 '능력'이란 양날을 가진 칼처럼 위험하다. 자칫 지나치게 욕심을 부려 스스로를 불만스럽게 하고, 약자를 억압할 수도 있기 때문이다. 능력을 키우되 그 능력을 선하게 쓰도록 이끄는 일이 공교육의 역할이 아닐까.

마지막으로 중요하게 다루어야 할 것은 '관계맺음교육'이다. 인간은 더불어 사는 존재로, 태어나는 순간부터 나를 둘러싼 사람과 사회, 그리고 크고 작은 여러 세계와 '관계'를 맺고 살아간다. 그렇기에 나는 그(그것)로부터 영향을 받을 수밖에 없고, 또 내 행동 하나하나가 그(그것)에 영향을 미칠 수밖에 없다. 그러므로 우리는 자신뿐만 아니라 나를 둘러싸고 있는 것들에 대해 알아야 하고, 그 관계를 풀어 나가야 하며, 또 우리가 몸담고 있는 이 세상을 아름다운 곳으로 만들어 나갈 책임이 있다. 우리가 속해 있는 사회, 이 세상이 질적으로 성장하기 위해서는 '나와 너', '나와 그것'에 대한 관계맺음교육이 제대로 이루어져야 한다.

인간은 자기 안에 선과 악을 함께 지니고 있다. 그렇기에 자신을 둘러싼 환경과 교육 여건에 따라 악이 강화될 수도 있고 선이 강화될 수도 있다. 사람에게 교육이 필요한 것은 바로 인간의 이런 특성 때문이다. 또한 인간은 자기 안에 많은 능력을 가지고 태어난다. 그러나 그것은 가만히 내버려 두어도 저절로 개발이 되는 것이 아니라 필요한 시기에 적절한 자극을 주어야 잘 자라게 된다. 교육은 바로 그 '필요한 시기에 적절한 자극을 주기 위해' 필요한 것이다. 또 인간은 가깝게는 가족으로부터 멀게는 한 국가, 전 인류, 자연의 세계와 연계되어 서로 영향을 주고받으며 산다. 그러나 그것은 워낙 복잡하게 얽혀 있어 그 실체를 제대로 파악하기가 힘들고, 그렇기 때문에 그것들과 어떻게 관계를 맺고 살아야 하는지 헤매게 된다. 교육은 바로 그 실체를 제대로 파악하고 서로 간의 '관계맺음'을 바르게 할 수 있도록 돕기 위해서 필요한 것이다.

자신의 품성을 보다 선하게 키워 나가고, 자기 안의 능력을 성장시켜 나가며, 자기와 관계맺고 있는 사람들(혹은 그것들)과 좋은 영향을 주고받을 수 있도록 노력하는 일은 누구나 평생토록 해야만 할 일이다. 그러나 스스로 하는 데에는 한계가 있고, 또 어렸을 때는 거의 불가능한 일이기에, 어른과 학교, 또 사회가 나서서 도와야 하는 것이다.

특히 학교는 배움의 흡수력이 왕성한 시기의 모든 아이들에게, 교육을 통해 자신을 성장시킬 수 있는 기회를 공평하게 제공해야 하는 책무를 지니고 있기 때문에 중요하다. 만일 학교가 이 역할을 제대로 하지 않는다면, 한 인간의 삶은 가정환경과 타고난 유전자에 의해 결정되고 말 것이며, 이 사회는 돈이 많은 사람, 힘을 가진 사람이 모든 것을 지배하는 약육강식의 세계가 될 것이다.

그런데 지금 학교의 모습은 어떤가? 학교는 아이들의 '질적 성장'에는 별 관심이 없다. 그저 교육인적자원부가 던져 주는 예산과 교육과정에 따라 '관습적'으로 움직일 뿐이다. 교육의 주체라는 교사와 학생이 오히려 교육에서 소외당한 채, 교사는 교사대로 잡다한 업무 처리와 교과서 진도 나가기에 바쁘고, 학생은 학생대로 자신의 정체성도 꿈도 잃은 채 삶을 부유하거나 맹목적인 입시 경쟁에 시달리며 삶을 일그러뜨리고 있다.

이번에는 가람중학교의 경우를 보자. 누리중학교로 옮기기 전 나는 1994년부터 1997년까지 이 학교에서 근무했다. 앞서 말한 것처럼 이곳 아이들은 공부도 잘하고 글도 잘 쓰고 표현력도 좋아 수업하기가 참 좋았다. 그러나 아이들의 내면을 들여다보면 볼수록 안타깝고 참담한 생각이 들었다. 거의 모든 아이들이 어린 나이에도 불구하고 삶을 버거워하고 외로움에 떨었으며 늘 초조해하고 있었기 때문이다. 그리고 많은 아이들이 '집단 괴롭힘'에 대해 공포를 느끼고 있었다.

당시 이 학교의 '집단 괴롭힘' 문제는 매우 심각했다. 쉬는 시간에 교실이나 복도에서 평소 못마땅했던 아이를 집단으로 놀리고 밟아 대는 것은 물론이고, 행동이 굼뜬 아이의 도시락에 모래를 뿌리고 오줌을 싸 놓는가 하면, 얄미운 짓을 했다고 시험을 코앞에 둔 아이의 공책을 갈가리 찢어 버리고, 기절시키기 놀이를 한다면서 만만한 아이를 붙잡아 한꺼번에 목을 눌러 병원에 실려 가게 하는 등, '이 아이들이 집단으로 미쳐 버리기라도 한 것인가' 하는 의문이 들 정도로 비정상적이고 잔인했다. 더욱 심각한 것은, 그런 일을 하는 아이들이 겉으로는 너무도 멀쩡한 데다, 가해자와 피해자가 순식간에 바뀌기도 하고, 많은 아이들이 가해한 일에 별 죄의식도 느끼지 않는 것이다. "그 애가 이상하게 생겼으니까" "그 애가 지저분하니까" "그 애가 너무 잘난 척하니까" 하는 식으로 모든 원인을 피해 아이에게 돌리는가 하면, 그냥 장난삼아 했을 뿐이라며 '놀이' 정도로 가볍게 여기는 아이들도 많았다.

아이들은 '집단 따돌림' 때문에 학교가 싫고 모든 사람이 다 싫다고 했다. 자살을 시도한 아이도 있었다. 또 가해를 주동한 아이들마저 자신도 왕따를 당하지 않을까 몹시 불안해할 만큼, 피해자에게도 가해자에게도 몹시 불행한 일이었다.

대체 아이들이 왜 그렇게 된 것일까? 그때 조사한 결과에 따르면(나는 이 문제를 몇몇 교사들과 6개월간 조사·연구했다.), 가장 큰 이유는 아이들이 공부 때문에 지나치게 스트레스를 받고 있어서였다. 그 아이들은 어렸을 때부터 자기보다 공부를 더 잘하는 아이와 끊임없이 비교당하고, 행복이란 오직 '일류대'를 통해서만이 얻을 수 있다고 세뇌당하는 바람에, 아이들 스스로가 '공부'의 포로가 되어 버린 것이다. 그래서 자나 깨나 공부 걱정에 마음도 정신도 억눌려, 만만한 아이를 발견하면 괴롭히면서 스트레스를 해소하게 된 것이다.

둘째, 아이들이 너무 바쁘게 살고 있었다. 가람중학교 아이들은 대부분의 강남 아이들이 그런 것처럼, 하루하루 숨 쉴 틈 없이 살고 있었다. 학교가 끝나면 곧바로 이 학원 저 학원으로(수학은 A학원, 영어는 B학원……) 실려 다니며 공부하고, 끝나면 집으로 돌아와 미술이나 음악 레슨을 받거나 학원 진도를 따라가기 위한 특별 과외를 또 받는다. 그런 일들이 끝나면 학원 숙제와 과외 숙제, 어떤 때는 학교 숙제도 해야 하고, 그러면 보통 밤 1시나 2시가 된다. 모든 일정을 마치고 나면 지칠 대로 지쳐 그냥 쓰러져 자고, 새벽에는 또다시 체육 실기 시험을 위해 테니스나 배드민턴 레슨을 하나 더 받아야 하기 때문에 일찍부터 서둘러야 한다. 이렇게 날마다 쫓기듯 살아야 하는 아이들이 어떻게 자신을 돌아보고 남을 배려할 여유가 있겠는가.

셋째, 아이들은 가해자가 안 되면 피해자가 될 거라는 두려움을 갖고 있었다. 내가 당하지 않으려면 먼저 누군가를 왕따시켜야만 했던 것이다. '남을 딛고 올라서지 않으면 남에게 짓밟힌다. 세상은 어차피 서로 먹고 먹히는 약육강식의 세계가 아닌가. 당하지 않으려면 먼저 쳐야 한다.' 아이들의 잠재의식 속에는 어느새 이런 피해의식이 짙게 깔려 있었다.

그나마 가람중학교는, 이런 연구 결과가 발표되면서 바로 교장 선생님이 나서서 가해 아이들을 강력하게 처벌하고 상담도 해 나갔기 때문에 상당 기간 문제는 주춤했다. 그러나 근본 원인이 해결되었을까?

누리중학교 아이들이 교육을 통해 자기들이 갖고 있는 근본적인 문제점을 해결하지 못했듯이, 가람중학교 아이들 역시 마찬가지였다. 가람중학교 아이들에게는 무엇보다 '자신을 성찰할 여유'가 필요했고 사람들과의 '따뜻한 경험'이 필요했다. 그러나 그 아이들은 어렸을 때부터 '강자'가 되기 위한 공부에만 내몰려 전혀 여유를 갖지 못했고, 이해관계를 떠난 사람들의 따뜻한 마음을 경험해 볼 기회도 별로 없었다. 그런데 학교 역시 그 문제를 해결해 주기는커녕 오히려 강화시키는 역할밖에 하지 않은 것이다. 그랬기 때문에 아이들은 학교를 열심히 다녔음에도 여전히 자신의 삶을 '질적으로 향상시킨다는 것'이 무엇인지 배우지 못한 채 다시 학교 밖으로 나갈 수밖에 없었던 것이다.

누리중학교와 가람중학교가 안고 있는 문제들은 그들만의 특수한 것이 아니다. 앞서도 지적했듯이, 우리 교육은 이미 본질적인 목적을 잃어버린 지 오래고, 공교육 기관인 학교 역시 제 역할을 잘 알지 못한다. 물론 이는 학교나 교사, 교육부의 탓만은 아니다. 학부모가 그렇고 이 사회가 그렇고, 세계의 흐름이 그렇기 때문에 어쩔 수 없을지도 모른다. 그러나 나는 교육이 본질을 잃고 공교육이 그 역할을 제대로 하지 않는 한 인간에게서 희망을 기대하기는 어렵다고 생각한다.

교육이 맡아야 할 가장 큰 임무는 사람들의 '의식을 깨어나게 하는 것'이다. 인간에게 배움이 필요한 이유 또한 자신에 대한 '깨달음', '옳고 그름에 대한 분별력'을 기르기 위한 것이다. 인간이 보다 '인간답게' 되기 위해서는 무엇보다, 내가 누구인지, 나는 무엇을 할 수 있는지, 또 무엇을 해야 하는지, 자신에 대해 알아야 하고, 무엇이 옳고 그른지 판단할 수 있어야 한다. 이런 사람만이 자기 삶을 좀더 선하게, 스스로 주인으로 살아갈 수 있다. 내가 교육에서 가장 중요하게 다루어야 할 것이 '인성교육'이라고 주장하는 것도 바로 이런 까닭이다.

능력을 개발하고 이를 바탕으로 이루고자 한 일들을 하나하나 성취해 나가는 일은 무척 중요하다. 특히 경제 능력은 사람을 자유롭게 해 주고 많은 것을 누릴 수 있게 해 주기 때문에, 현대 사회에서는 더욱 중요하다. 그러나 능력은 그것을 선하게 썼을 때만이 빛날 수 있고, '돈' 역시 제대로 썼을 때만이 자유가 되며 행복이 되는 것이다. 그렇기에 무엇보다 자기 존재에 대한 자각, 옳고 그름에 대한 분별력이 먼저 있어야만 한다. 의식이 깬 사람들, 그들은 비교적 서로의 관계를 잘 풀어 나갈 수 있고, 이해관계 없이도 따뜻함을 주고받을 수 있으며, 큰 마찰을 일으키지 않고서도 다른 이들과 함께 세상을 보다 아름답게 만들어 갈 수 있다.

그런데 학교가 이런 역할을 맡지 않으면 어디에서 이런 교육을 담당할 것인가? 사회는 점점 더 빈부 격차, 학력 격차가 벌어지고 경제 자본이든 문화 자본이든 힘 있는 사람들을 중심으로 돌아가고 있는데 말이다. 아무리 학교가, 그리고 그 속에 존재하는 교사가 힘이 없다고 해도, 교육활동을 행하는 교사는 아이들과 얼굴을 마주하고 있는 사람이고, 어느 정도는 교육내용을 스스로 만들어 갈

수 있는 사람이다. 그리고 다행스럽게도, 모든 학교는 겉으로나마 '전인교육'을 교육 목표로 내세우고 있다. 그러니 우리 교육이 잘못되었다고 생각한다면 마땅히 교사가 먼저 나서서 고치려 해야 한다.

물론 개인으로서의 교사는 힘이 없다. 학교, 교육부, 학부모, 심지어 아이들까지도 다 같이 '성적 올리기'에 목을 매고, '물질적 풍요'만을 좇기 바쁜데, 그 거대한 힘에 맞서 어떻게 교사 혼자 인성교육을 강조하고, '질적 성장'을 이야기할 수 있겠는가. 그러나 질문을 바꾸어 보자. 교사가 아니면 누가 하겠는가. 집안이 가난한 아이들은 더욱더 사회로부터 소외당하고, 어렸을 때부터 '경쟁'만을 강요당한 아이들은 피해의식에 사로잡혀 늘 불안에 떠는데……. 프레이리가 강조한 것처럼, 교사는 어떤 상황에서도 교육을 포기해서는 안 된다. 교사는 직접 사회를 개혁할 수 없을지는 모르지만 그런 사람을 키워 낼 수는 있다.

이런 성찰과 깨달음 끝에 나온 해답이 바로 '독서교육'이다. 독서는 무엇보다 읽기 능력과 사고력을 키워 주고, 자신과 세상을 새롭게 발견할 수 있도록 도와주며, 스스로를 성찰하고 깨달을 수 있도록 이끌어 준다. 뿐만 아니라 독서는 감성을 더욱 풍요롭게 키워 나갈 수 있도록 때때로 위안이 되고 휴식이 된다.

물론 독서교육이 교육의 모든 문제를 해결해 주지는 않는다. 생각은 실천을 통해서만 진정한 힘을 가질 수 있고, 간접 경험이란 직접 경험에 비하면 허약하기 때문이다. 이런 한계에도 불구하고, 학교마다 독서교육이 제대로만 이루어진다면, 분명히 사람들을 깨우치는 데 크게 기여할 수 있고, 사람들이 자기 능력을 발견하고 키워 가는 데 힘을 얻을 수 있으며, 사람과 사람과의 관계, 사람과 자연과의 관계를 보다 아름답게 바꾸어 가는 데 큰 영향을 줄 것이다. 즉, 독서는 인간 삶을 질적으로 드높여 주는 데 커다란 기여를 할 수 있다.

사람을 성장시키는 독서의 힘

교육의 본질은 인간을 보다 인간답게 해 주는 '질적 성장'에 있다고 했다. 그리고 독서교육을 제대로만 하면 그 목적에 다가갈 수 있다고 했다. 독서에 어떤 힘이 있어서 그럴까? 독서교육의 방법을 말하기 전에 먼저 독서가 가진 여러 '힘'에 대해 살펴보자.

 읽기 능력과 사고력을 키워 주는 독서

학교에서 이루어지는 대부분의 교과교육은 읽기를 전제로 하고, 그 단계에 맞는 사고력을 필요로 한다. 그렇기에 누리중학교의 예에서 보았듯이 읽기 능력과 사고력이 뒤떨어지면 교과 공부를 따라갈 수 없다. 그런데 공부에 필요한 읽기 능력과 사고력을 키워 주는 데 독서만큼 좋은 것이 없다.

읽기란 낮은 단계에서는 문자 해독력만 있으면 되지만, 높은 단계로 갈수록 풍부한 어휘력과 그에 따른 배경 지식을 필요로 한다. 책 속에는 얼마나 많은 이야기와 지식과 정보가 들어 있는가. 어렸을 때부터 책을 꾸준히 읽다 보면 어휘력과 배경 지식이 풍부해지고, 그것이 바탕이 되어 다시 읽기에 힘이 생기며, 이런 과정을 되풀이하다 보면 점점 더 읽기 능력이 커질 수밖에 없다.

사고력 역시 마찬가지다. 생각은 아무것도 없는 데에서 나오는 것이 아니라 외부의 자극에서 비롯된다. 그런데 좁은 울타리 안에서 비슷비슷한 사람끼리 늘 같은 일상만 되풀이한다면, 얼마나 많은 생각을 할 수 있겠는가? 빛 바랜 천 조각처럼 축축 늘어질 뿐이다. 그러나 다양한 책을 읽으며 경험해 보지 못한 사건, 가 보지 못한 세상, 만나 보지 못한 사람들과 마주하게 되면 어떻겠는가? 사람에 따라 차이는 있겠지만 대부분 많은 생각을 풍부하게 할 수 있을 것이다.

또 사고력을 기르기 위해서는 생각하는 법을 배워야 한다. 생각하는 방법에도 많은 길이 있다. 그러나 홀로 그 많은 길을 모두 알아낼 수는 없다. 다행스럽게도 글쓴이는 책 속에 늘 자기 생각을 잘 다듬어 체계적으로 배열해 놓곤 한다. 그래서 글을 읽으며 글쓴이의 생각을 좇다 보면, 우리는 자신도 모르게 생각하는 법도 익히고 또 다른 생각의 길도 발견하게 된다. 생각하는 힘이 점점 강해지는 것이다.

이렇게 독서는 사람의 읽기 능력과 사고력을 길러 준다. 그리고 이런 능력은 모든 공부의 기초가 되기 때문에, 의지가 있고 노력만 한다면 아주 잘할 수도 있다. 학교를 졸업한 뒤에도 마찬가지다. 자신을 성장시키기 위해서는 평생을 공부(자기 분야의 공부, 인격과 교양을 높이기 위한 공부 따위)하면서 살아야 하는데, 읽기 능력과 사고력이 발달한 사람은 이런 공부를 혼자서도 얼마든지 해 나갈 수 있다.

이처럼 독서는 학교를 다니는 동안에도, 학교를 떠난 뒤에도 자신의 바람을 성취하고 삶을 질적으로 향상시키는 데 큰 도움을 줄 수 있다.

자신과 세상을 새롭게 발견하게 하는 독서

　책은 자기 삶을 좀더 총체적으로 바라보고 깊이 이해할 수 있도록 도와주기도 한다. '나는 누구인가?' '인간이란 무엇이고 삶이란 무엇인가?' '나는 나를 둘러싼 사람들과 어떤 관계에 놓여 있으며, 이 세상은 어떤 곳인가?' 정체성에 관한 이런 질문들에 책은 많은 이야기를 해 줄 것이다.

　책 속에는 수많은 사람들의 삶과 생각이 담겨 있다. 우리는 이야기를 읽으며, 마치 내가 글쓴이가 된 것처럼, 그 현장에 있기라도 한 것처럼, 고스란히 느끼고 생각하고 호흡해 볼 수 있다. 이것은 나를 확장시키고 다른 이에 대한 이해를 깊게 해 준다.

　또 책에는 내가 미처 발견하지 못한 세상이 수두룩하게 펼쳐져 있다. 무심히 지나쳤던 풀과 나무, 바람의 숨결, 사심 없이 살아가는 동물들, 인류보다 더 먼저 세상에 오고 인류보다 더 오래 세상에 남게 될 무수한 곤충들, 그리고 직접 밟아 보지 못한 미지의 땅과 한 번도 날아가 보지 못한 상상의 세계까지. 내가 알지 못한 또 다른 세계를 발견하는 것은 내 울타리를 허물고 정신에 날개를 달게 한다.

　또한 책에는 세상에서 일어나는 크고 작은 사건에 대한 자료와 연구물도 담겨 있다. 지금 팔레스타인에서는 무슨 일이 벌어지고 있는지, 그 원인은 무엇인지, 왜 미국은 이라크를 공격하며 그 원인은 어디에 있는지……. 책은 세상에 일어나는 많은 일들의 겉모습뿐만 아니라 그 이면의 진실까지도 들춰내 보여 주고, 또 그런 일들이 나와 어떤 관계가 있는지 생각해 볼 수 있도록 이끈다. 이것은 세상을 보는 눈과 통찰력을 키우는 데 큰 도움을 준다.

이처럼 독서는 우리에게 자신과 세상을 다시 발견하게 한다. 이런 발견은 사람을 보다 '사람답게' 만들어 준다.

● 나를 성찰하게 하는 독서

'능력주의' '약육강식'의 논리가 지배하는 세상에서 어떻게 하면 인간다움을 잃지 않고 서로에게 이로운 삶을 살 수 있을까? 능력을 기르되 남을 짓밟지 않고, 능력을 사용하되 '더불어 사는 세상'을 꿈꾸며, 좀더 선하게, 자기 삶의 주인이 되어 살아가려면 어떻게 해야 할까?

여러 방법이 있겠지만, 독서 역시 이 물음의 열쇠가 될 수 있다. 책을 읽다 보면 어느 순간 조금씩 선해지고 지혜로워지는 나를 발견하게 된다. 좋은 책 속에는 인간의 선함과 지혜가 따뜻하게 깃들어 있기 때문이다. 윤동주를 보라. 한 점 부끄러움 없는 삶을 살기 위해 잎새에 이는 바람에조차 괴로워하며, 손바닥으로 발바닥으로 밤새도록 자신을 닦는 그를 마주하면, 어느새 나도 그렇게 하고 싶어진다. 또 엘제아르 부피에. 전쟁으로 가족과 재산을 모두 잃었음에도, 날마다 황무지에 100개씩의 도토리를 심어 결국 낙원으로 일구어 낸 사람. 책을 통해 이런 사람을 만나다 보면 어느덧 내 마음도 겸허해지고 인간에 대한 믿음도 되살아난다. 어디 그뿐인가. 시튼과 파브르를 통해 우리는 동물도 인간만큼이나 소중하다는 것을 느끼고, 노자와 장자, 그리고 인디언의 삶을 들여다보며 그동안 얼마나 서구의 사고방식에만 길들여져 있었는지도 깨닫게 된다. 또 남자와 여자, 기독교와 이슬람, 자본주의와 공산주의, 이렇게 양쪽의 책을 나란히 접하다 보면, 비로소 생각에 균형이 잡히고 진실을 꿰뚫어 볼 수 있는 힘도 갖게 된다.

이처럼 좋은 책은 한쪽에 밀쳐 둔 우리의 선한 마음을 흔들어 깨우고, 진실을 볼 수 있는 밝은 눈을 갖게 한다. 물론 이런 생각 자체가 곧 선이고 진실은 아니다. 그러나 늘 이렇게 스스로를 성찰하며 깨어 있는 사람이 되려고 노력하는 사람은 세상에 휩쓸리지 않고, 잘못된 세상의 흐름마저도 바꾸어 나갈 힘을 가진다. 이것이야말로 인간이 진정으로 '존엄하게' 되는 길이다.

기쁨과 위안, 휴식이 되는 독서

인간을 인간답게 만들어 주는 것으로 빼놓을 수 없는 것이 있다. 바로 감정이다. 기쁨과 슬픔, 분노와 사랑처럼 다양한 형태로 나오는 감정을 살피고, 자연스럽게 드러내는 일은 누군가에게 자신이 인간임을 나타내는 언어 이전의 표현이다. 그러나 이런 감정은 저절로 아름답게 되는 게 아니다. 환경과 교육을 통해 다듬어지고 길러지는 것이다. 독서는 우리가 느끼는 감정을 살피고, 나타내고자 하는 상태를 좀더 섬세하고 풍부하게 하는 데에도 도움을 준다.

모든 것을 잊고 한바탕 크게 웃고 나면 어떤가. 일그러져 있던 감정이 확 펴지는 듯할 것이다. 마음속 깊이 깔린 우울까지 모두 없앨 수는 없겠지만, 표면에 떠돌던 불쾌한 감정들은 금세 사라지고 만다. 책 가운데는 우리에게 웃음을 전해 주는 것들이 많다. 유머나 개그로만 이루어진 책도 있고, 재미있는 옛날 이야기 책도 많으며, 역설과 풍자로 통쾌한 지적 유희를 느끼게 하는 책도 있다. 이런 책들은 우리에게 즐거움과 통쾌함, 휴식을 준다.

그리고 눈물. 사람의 마음을 정화시켜 주기에 이보다 더 좋은 것은 없다. 자기 안의 크고 작은 여러 상처들을 어루만지고 다독여 주는 힘. 눈물 속에 있는

1장

사람을 성장시키는 독서의 힘

▲ 책은 세상을 발견하게 하며 사람을 성장시킨다.

이 힘은 다른 사람의 아픔까지도 끌어안게 한다. 깊은 마음의 움직임인 '감동'은 모두 이런 눈물에서 나오고, 또 이런 눈물을 필요로 한다. 내 마음을 돌아보고 남을 배려해 줄 수 있는 힘, 이것은 눈물이 없고서는 불가능한 일이다. 《플랜더스의 개》《레미제라블》《안네의 일기》《심청전》《사씨남정기》……. 오랜 세월 사람들에게 관심을 받아 온 작품에는 모두 넘쳐나는 눈물이 있다. 이런 책들은 우리 마음을 더 맑고 깊게 만든다.

그리고 에너지의 원천인 사랑. 이것은 우리 삶에 활력을 불어넣고 희열을 느끼게 한다. 그렇기에 늘 축 늘어져 있던 사람도 '사랑'을 하게 되면 '활력'을 되찾고 '생기'를 띤다. 그렇기에 사람은 늘 '사랑'을 필요로 하고 그리워하는지도 모른다. 현실에서 우리가 직접 경험할 수 있는 사랑은 지극히 제한적이지만, 문학 작품 속에서는 모든 것이 가능하다. 비록 허구일지라도, 우리는 이야기 속 인물들을 따라 얼굴을 붉히고 가슴을 발딱거리며 하늘 높이 붕붕 떠다니고 황홀감에 빠져들 수 있다. 이런 책들은 우리 감정을 매우 부드럽고 풍요롭게 한다.

억눌린 감정을 풀어 주고 무의식마저도 움직이는 힘이 있는 쾌감. 인간은 자신도 모르게 일어나는 성적 욕망, 파괴와 일탈에의 동경에서 자유롭지 못하다. 그러므로 이 욕망을 무조건 억누르기만 해서는 안 된다. 그렇다고 아무렇게나 마구 발산시켜서도 안 된다. 자신뿐 아니라 다른 이들에게도 더 큰 상처, 더 큰 아픔을 가져다주고 말기 때문이다. 그렇기 때문에 우리는 때때로 매우 비밀스럽게 그것들을 풀어내는 작업을 할 필요가 있다. 감각적인 연애 소설, 추리 소설, 공포물, 판타지 소설과 같은 책들은 우리에게 말할 수 없는 쾌감을 준다. 몸 안팎 구석구석까지 바들거리게 하는 짜릿한 자극, 이런 책들은 우리에게 쾌감을 마음껏 누리게 하여 억눌려 있던 감정이나 무의식과 비밀스럽게 악수할 수 있게 도와준다. 이 역시 인간을 보다 '인간답게' 만들어 주는 매우 '인간적'인 일이다.

　　　이처럼 독서가 가진 힘은 놀랍고 막강하다. 독서는 우리의 사고력을 키워 주기도 하고, 마음을 좀더 자세히 살피고 어루만지며 풀어낼 수 있게 도와주며, 자기 안의 능력을 발견하고 성취시킬 수 있게 도울 뿐만 아니라, 나를 둘러싼 세상을 재발견하고 성찰할 수 있도록 도와주기도 한다. 이것이야말로 교육의 본질이 아닌가. 따라서 독서가 지닌 이런 힘을 아이들이 얻을 수 있게만 한다면, 교육은 아이들을 보다 '인간답게' 키워 낼 것이다. 교육이 본질적으로 추구하는 '인간의 질적 성장'을 이루어 낼 수 있을 것이다.

독서를 가로막는 것들, 그러나 방법은 있다

앞서 살핀 것처럼 독서는 인간을 진정으로 '인간답게' 만들어 주는 힘을 가지고 있다. 그리고 사람들은 대체로 이를 인정한다. 그렇다면 사람들은 책을 많이 읽을까? 책을 읽으면서 자기 능력과 인격을 성장시켜 나가고 있을까? 그렇지는 않다. 실제로 우리 나라 사람들은 거의 책을 읽지 않는다. 읽는다고 해도 흥미 위주의 독서 수준을 크게 벗어나지 못한다. 왜 그럴까? 그것은 크게 환경과 내용 두 가지 요인 때문이다.

도서관도 없고 사서 교사도 없는 학교

사람들은 환경에서 많은 영향을 받는다. 사회 환경에 따라 사고방식이 달라지고, 자연 환경에 따라 몸도 변한다. 독서도 마찬가지이다. 독서 환경이 잘 갖추어져 있으면 독서를 더 잘하게 되고, 독서 환경이 열악하면 그만큼 책에서 멀어지는 것이 자연스러운 현상이다. 그렇다면 우리 나라의 독서 환경은 어떠한가.

우리 나라에는 도서관이 형편없이 적다. 정부가 도서관에 관심을 갖기 시작한 것도 최근 일이다. 가까운 일본에는 동경 시내 한 곳에만 350여 개의 공공 도서관이 있다. 그러나 우리 나라에는 전국을 통틀어 470여 개가 있을 뿐이다. 학교 도서관도 마찬가지이다. 우리 나라 학교에는 사실 도서관이라고 할 만한 곳도 없다. 케케묵은 먼지가 가득 쌓인 도서실, 언제나 자물쇠로 잠긴 도서실만이 교실 한 칸을 차지하고 있을 뿐이다. 점심 시간 잠시 '반짝' 하고 문을 열었다가도 곧 닫아 버리는 도서실의 모습이 우리 나라 학교 도서관의 현주소이다.

그렇다면 다른 나라들은 어떨까? 선진국에서는 학교를 설립할 때 '도서관'이 없으면 설립 허가조차 나지 않는다. 이들 학교에는 교실 한두 칸으로 구색을 맞추기 위해 만들어 놓은 '도서실'이 아닌, 독립된 '도서관' 건물이 멋진 모습으로 들어앉아 있고, 사서 교사와 보조 사서 교사, 학부모 도우미들이 함께 일하고 있다. 아이들은 그곳에서 책만 빌려 읽는 것이 아니라, 사서 교사의 적극적인 도움으로 학습에 필요한 많은 것들을(책을 읽고, 자료를 조사하고, 보고서를 작성하고, 포스터도 제작하고, 인쇄하고……) 지원받는다. 사서 교사들은 책을 찾아 주는 일 외에도 자료 활용 방법을 세세히 알려 주고, 아이들이 책을 좋아할 수 있는 여러 방법들을 고민하며 실천한다. 초등학교 낮은 학년 아이들에게는 직접 동화를 들려주고, 동화책 내용을 바탕으로 아이들과 함께 연극을 만들기도 한다. 교과 선생님들과는 수업의 질을 높일 수 있는 방법을 함께 토론하고 연구한다. 이것이 바로 학교 도서관의 참 모습이다.

그러나 안타깝게도 우리 나라 학교 도서관은 아직 깊은 잠에 빠져 있다. 어려서부터 여러 분야의 책과 친해진 아이들과 책이라고는 딱딱한 교과서와 문제집밖에 떠올리지 못하는 아이들. 이들을 비교한다면 누가 더 삶의 질을 성장시킬 수 있을까. 누리중학교의 예에서도 볼 수 있듯이, 환경이 중요하다. 독서는 더욱 그렇다. 몇십 킬로미터나 가야만 도서관을 찾을 수 있고, 자신에게 맞는 책이 무엇인지 몰라 수준에 맞지도 않는 책을 먼저 접하게 된다면, 아무리 좋은 책이라도 읽는 자체가 곤욕일 수밖에 없다.

지적 호기심은 인간의 본능이다. 그렇기에 환경만 갖춘다면 아이들은 책을 가까이할 수 있다. 14년이나 책과 담을 쌓고 살았던 누리중학교 아이들이 책 읽기에 흥미를 갖게 된 것처럼 말이다. 독서의 즐거움을 맛보고 그 가치를 몸으로 익힌 아이들은 어른이 되어서도 책을 가까이하게 된다.

책 읽는 습관은 아주 어렸을 때부터 몸에 익히는 게 좋다. 그러나 모든 가정에서 그렇게 해 줄 수는 없을 터이니 공교육 기관인 학교가 보다 적극적으로 나서야 한다. 즉, 학교 도서관을 제대로 갖추고 독서교육을 체계적으로 해야 하는 것이다. 그리고 이런 일들이 성과를 거두기 위해서, 학교 도서관은 시설과 자료뿐 아니라 그곳을 운영할 전문가도 반드시 갖춰야 한다. 그러나 우리 나라의 학교 도서관은 시설과 자료도 부실할 뿐 아니라, 그곳을 전담하여 운영할 사서교사가 없다. 선진국처럼 2~3명 수준까지는 안 되더라도 적어도 한 명은 있어야 할 텐데 말이다. 결국 우리의 책 읽기를 가로막고 있는 근본적인 원인은 환경, 곧 열악하기 짝이 없는 '학교 도서관'에 있는 것이다.

흥미 위주 독서에 갇힌 사람들

그렇다면 독서 환경만 잘 갖추면 모든 아이들이 책에 빠져들 수 있을까? 독서 환경을 갖추면 책을 쉽게 접하고, 전보다 많이 읽는 것은 사실이다. 그러나 물리적인 환경이 좋아진다고 모든 아이들이 공부를 잘하게 되지 않듯이 책 읽기도 마찬가지이다.

우리 나라에는 독서를 좋아하는 사람들이 생각 밖으로 꽤 있다. 만화책을 좋아해서 하루에 몇십 권씩 읽는 사람도 있고, 판타지 소설이나 무협 소설을 좋아해서 일주일에 몇 질씩 읽는 사람도 있다. 또 애정 소설을 옆에 끼고 늘 감상에 젖어 사는 사람도 많다. 흥미 위주로 책을 읽는 것이다. 그러나 이 같은 독서가 우리 '삶의 질'을 높이는 데 얼마나 기여할 수 있을까? 인간을 보다 '인간답게' 성장시킬 수 있는 '질적 변화'를 일으킬 수 있을까?

독서를 통해 자신과 세상을 재발견하고, 옳고 그름에 대한 분별력을 키우며, 사고력을 기르고, 마음을 성찰하고 각성케 하는 일은 '흥미 위주'의 독서만으로는 힘들다. 제대로 된 독서가 이루어지기 위해서는 책을 '그냥' 읽기만 해서도, '쾌락'만 좇아 읽어서도 안 된다. 물론 흥미 위주의 독서도 필요하다. 그러나 그것만으로 이루어지는 독서는 휴식과 오락의 역할만 할 뿐이다. 이것은 '책'의 주된 기능이 아니다. 독서의 '진정한 맛'에 흠뻑 취하려면, 우리의 마음을 좀더 깊이 울려 주고, 우리 생각을 보다 높이 끌어올릴 수 있는, 높은 수준의 독서까지도 할 수 있어야 한다.

사실, 누구라도 다 수준 높은 독서를 하고 싶어할 것이다. 단지 그런 책을 읽으면 따분하고 졸립고 이해도 되지 않기 때문에 '못하는 것' 뿐이다. 곧 그런 독서를 할 만한 '능력'이 없는 것이다.

🟡 그러나 방법은 있다

그러면 어떻게 할 것인가? 학교 도서관에 새까만 먼지만 내려앉게, 사람들이 계속해서 흥미 위주 독서에만 매달리게, 그냥 그렇게 방치해야 할까? 그렇게 하기에 독서는 우리에게 너무도 중요하다. 독서를 제대로 할 수만 있다면, 우리 교육을 바꾸고, 나와 우리의 삶을 바꿀 수 있다. 따라서 누구든 그 '가치'를 먼저 절감한 사람들이 나서서, 주장하고 실천해야 한다. 특히 교사들은 학교를 흔들어 깨우고 독서교육의 내용을 마련하여 앞서 실천해야 한다.

앞서도 말했지만, 공교육 기관인 학교는 모든 아이들에게 자신을 성장시킬 '기회'를 '공평하게' 제공하는 데 가장 큰 의의가 있다. 만일 학교가 그렇게 하지 않으면, 가난하고 소외된 아이들은 영원히 그런 '기회'를 갖지 못할 수도 있다. 제때 읽고 생각하는 능력을 키우지 못한 사람에게 사회가 얼마나 그런 기회를 제공해 주겠는가. 부자 아이들이야 학교가 못하면 가정이 대신해 줄 것이고, 또 사회에 그런 기회를 당차게 요구할 수도 있을 것이다. 얼마나 불공평한 일인가.

학교 도서관은 평등교육의 모체이다. 그곳에서 아이들은 누구라도 꿈을 찾고 자아를 발견하며 세상을 더 넓고 깊이 만날 수 있다. 학교 도서관은 존재하는 것만으로도 그런 힘을 갖는다. 여기에 체계적으로 마련한 독서수업까지 전개한다면, 이는 우리 교육의 질을 바꾸고 우리 삶의 질을 바꿀 수 있다. 따라서 진정으로 학교를 통해 교육의 본질적 목적을 이루고 싶다면, 먼저 학교 도서관을 갖추고 독서교육의 내용도 알차게 만들어 활발히 전개해 나가야 한다.

이런 교육을 받고 자라는 아이들에게는 희망이 있다. 아무리 어른들이, 또 이 사회가 자신을 '경쟁'과 '구속'으로 몰아붙이려 해도 그 아이들은 자기 안의 '선'과 '진실'을 무기 삼아 그들에게 저항해 나갈 수 있을 테니 말이다. 그리고 그 아이들이 어른이 되었을 때, 그들은 아이들을 좀더 선하고 자유롭게 키워 낼 것이다. 꽤 오랜 시간과 인내를 필요로 하는 힘든 작업이 되겠지만, 그래도 이것이 가장 빠르고 보람찬 길이다.

　　사회가 한 개인에게 미치는 영향이 지대한 것은 사실이지만 오히려 한 개인이 사회에 더 막대한 영향을 미칠 수도 있다. 잘못된 사회를 바꾸어 나가는 개인, 그런 개인을 키워 내는 것은 마땅히 교사가 해야 할 일이다. 그리고 이 일은 구호나 또 다른 강요로서가 아니라, 아이들에게 스스로 자신을 성찰할 수 있는 튼튼한 교육내용을 제공해 줌으로써 이루어져야 한다. 이런 노력은 입시교육으로 황폐화된 우리 교육을 정상화시키고, 이 사회에도 질적 변화를 일으킬 것이다.

　　우리는 이제 교육의 구체적인 내용을 고민해야 한다. 어떻게 어떤 내용으로 아이들을 이끌 것인가? 한술 밥에 배부를 수는 없겠지만, 하나씩 그런 내용들을 만들어 실천해 나가는 노력, 이런 노력이 있을 때라야 진정한 변화가 가능하다.

앞서 살핀 것처럼, 독서는 우리 삶을 질적으로 성장시켜 줄 만큼 큰 힘을 가지고 있다. 그러나 독서가 이 같은 힘을 발휘하기 위해서는 사람들이 좋은 책을 읽고 그것을 체화할 수 있어야 한다. 그렇다면 학교는 어떤 역할을 해야 할까? 아이들이 책 읽는 습관을 들이고, 독서 능력을 키울 수 있게 다양한 프로그램을 개발하여 지속적으로 책을 읽을 수 있도록 도와주면 될 것이다.

그러면 구체적으로 독서교육을 어떻게 할 것인가? 독서 흥미 돋우기, 독서 습관 기르기, 독서 능력 키우기, 교과와 연계한 독서 방법 찾기, 독서 내용 실천하기처럼 어떤 목적으로 독서교육을 하느냐에 따라 교육방법은

독서수업, 방법 찾기

독서수업, 어떻게 할 것인가
단계별 독서수업 맛보기

많다. 이런 방법은 다시 유아에서 성인에 이르기까지 대상에 따라 달라지고, 학교나 공공 도서관, 독서 관련 단체와 같이 장소나 구성원의 특성에 따라 달라질 수밖에 없다.

이렇듯 모든 사람을 대상으로 한 독서교육이란 애초에 불가능한 것이기에, 여기에서는 다른 방법들은 접어 두고, 실제로 중학교 아이들과 함께 우리가 실천해 보고 좋은 결과를 얻은 '단계별 독서수업'을 중심으로 독서 능력을 키우는 방법을 소개한다.

독서수업, 어떻게 할 것인가

36차시 단계별 독서수업 모형을 만들게 된 것은 2002년 누리중학교가 서울시 독서교육 연구학교로 지정되면서였다. 당시 나는 도서실을 맡아 독서교육 업무를 했고, 이곳 아이들에게 무엇보다 책을 읽혀야 한다고 생각했기에, 이 기회를 최대한 활용하고 싶었다.

누리중학교 도서실은 2001년부터 활발하게 움직였다. 도서 대출도 늘어 2000년에는 하루에 한 권도 채 안 되던 대출량이 2001년에는 80~100권으로 껑충 뛰어올랐다. 그러나 그때까지만 해도 아이들은 흥미 위주의 독서 수준을 벗어나지 못했다. 아이들이 도서실에 와서 읽는 책들은 대부분 만화와 잡지였고, 대출하는 책도 판타지 소설이나 무협지 같은 소설이 주를 이뤘다. 답답한 심정에 아이들에게, 인문서나 수준 있는 문학책을 권하려 하면 아이들은 한결같이, "그런 책 읽으면 졸리는데……." 하면서 난색을 띠곤 했다.

독서 능력을 키울 수 있는 단계별 프로그램의 필요성을 절감하게 된 것은 이런 경험들 때문이다. 언제까지나 아이들을 흥미 위주의 독서에만 머물게 할 수는 없다는 생각이 들었다. 만일 독서가 '재미' 이상의 것을 줄 수 없다면, 영화나 게임, 레저 스포츠와 같은 오락물을 당해 낼 수 없을 것이고, 독서를 하더라도 책이 지닌 가치의 극히 일부밖에는 맛볼 수 없을 것 아닌가. 이제는 아이들의 독서 수준을 끌어올리기 위한 체계적인 독서수업 프로그램이 필요했다.

그런데 어떤 자료를 찾아봐도, 독서 능력을 키워 줄 수 있는, 단계별로 체계화된 독서수업 프로그램이 보이지 않았다. 그냥 책 읽기에 흥미를 돋우는 정도라면 다양한 독서 행사를 꾸리는 것만으로도 충분하다. 그러나 독서 능력을 키우는 게 목적이라면, 체계적이고 지속 가능한 독서수업 프로그램이 있어야 할 것 아닌가. 그러나 독서교육과 관련된 여러 연구 논문과 책들을 뒤져 봐도 그런 프로그램은 찾을 수 없었다. 몇몇 외국 사례들이 눈에 띄었지만, 우리 실정에 맞지 않아 별 도움을 얻지 못했다.

필요가 창조를 부른다고 했던가. 떠밀리듯 나는 내 나름의 독서교육 프로그램을 구상하게 되었다. 그러던 차에 누리중학교가 독서교육 연구학교로 지정되어 전교생을 대상으로 활용해 볼 수도 있었다. 그리고 2003년부터는 이곳저곳으로 퍼져 조금씩 변형되면서 여러 학교와 가정에서도 적용해 보게 된 것이다.

단계별 독서수업 맛보기

단계별 독서수업 프로그램은 6단계 36차시로 구성되어 있다. 굳이 36차시로 구성한 것은, 이 프로그램을 국어 시간에 적용하기 버겁다면, 교과 재량활동 시간이나 창의적 재량활동 시간을 활용해서라도 해 볼 수 있게 하기 위해서였다. 단계별로 차시마다 이루어지는 수업방법은 3장에서 자세히 다루었기에, 이 장에서는 단계별 독서수업의 기본 틀과 의미만 짚어 본다.

36차시 단계별 독서수업 틀 보기

36차시 단계별 독서수업은 크게 6단계로 이루어져 있다. 1단계 읽고 싶은 마음 다잡기 → 2단계 중심 생각 끌어내기 → 3단계 질문하며 생각 키우기 → 4단계 분석하며 책 읽기 → 5단계 비판하며 책 읽기 → 6단계 작품 재창조하기이다. 차시별 내용은 다음 표와 같다.

36차시 단계별 독서수업 프로그램

단계	차시	학습 주제	학습 활동	유의점
1단계 읽고 싶은 마음 다잡기	1	독서의 세계로 끌어들이기	· 독서 습관 진단하기	· '독서 진단서' 나눠 주기
	2	세계의 도서관 들여다보기	· KBS에서 만든 〈책 읽기의 유혹〉을 본 뒤 10줄 소감문 쓰기	· 영상 자료 준비
	3	독서로 성공한 사람들 엿보기	· KBS에서 만든 〈그들은 책을 읽었다〉를 본 뒤 10줄 소감문 쓰기	
	4	1학기 독서 계획 세우기	· 1학기 독서 계획 세우기(수준과 적성을 고려하여 직접 책을 살펴보며 계획 세우기)	· 도서실 수업 · '독서 계획표' 나눠 주기
	5 6	자유로이 책 읽기	· 읽고 싶은 책을 정해 자유로이 책 읽기	· 수준에 맞는 책 가운데 1시간 읽기 분량의 책 추천
	7	가벼운 독후 활동	· 6차시에 읽은 작품 속 인물에게 편지 쓰기, 인상 깊었던 장면 그리기	· 장면화는 색칠까지 하도록 이끎
2단계 중심 생각 끌어내기	8	단편 소설 내용 요약하기	· 단편 소설을 읽고 줄거리 쓰기	· 우수 단편 소설 6종 준비 · 모둠별로 같은 책 읽기
	9	모둠별 모범 줄거리 쓰기(1)	· 모둠원끼리 협력하여 모범 줄거리 쓰기	· 모범 줄거리 소개
	10	10줄 감상 덧붙이기	· 모둠별로 책을 읽고 줄거리를 쓴 다음, 10줄 감상 덧붙이기	· 8차시 읽기 자료 이용
	11	모둠별 모범 줄거리 쓰기(2)	· 모둠원끼리 협력하여 모범 줄거리 쓰고, 소감 나누기	· 모범 줄거리 소개
	12	장면화 그리기(1)	· 구성 단계에 따라 중요 사건 6~8개를 뽑아 각각 한두 문장으로 요약하기	· 이미지가 강한 단편 소설 준비
	13	장면화 그리기(2)	· 정리한 사건을 장면화로 그리기	· 장면화는 복도 옆면이나 교실 뒤 게시판을 활용하여 전시
	14	책갈피 만들기	· 작중 인물 캐릭터, 명구, 명시 따위를 이용하여 책갈피 만들기	· 완성된 작품은 코팅하여 교실에 전시
3단계 질문하며 생각 키우기	15	작품 속 주인공 가상 인터뷰하기	· 작품 속 주인공에게 질문하고 답하기(인터뷰 형식) · 질문 3가지 준비	· 생각거리가 풍부한 우수 단편 소설 준비 · 모둠별로 같은 책 읽기
	16	모둠 발표(1)	· 인터뷰 내용을 모둠에서 토론하고, 좋은 것을 골라 3가지씩 발표하기	· 좋은 질문과 어설픈 질문의 기준 제시 · 모둠별로 서로 평가할 수 있게 이끎

단계	차시	학습 주제	학습 활동	유의점
3단계 질문하며 생각 키우기	17	작품 속 인물에게 말 걸기	· 작품 속에서 갈등을 빚는 두 인물을 선택해서 2가지씩 질문을 하고 답하기	· 15차시 읽기 자료를 활용해도 좋음 · 인물들을 깊이 이해하도록 이끔
	18	모둠 발표(2)	· 모둠별로 좋은 질문과 답변을 2가지씩 골라 발표하기	· 아이들을 격려하고, 서로 평가할 수 있게 이끔
	19	지은이에게 말 걸기	· 지은이에게 질문하고 답하기 (3가지)	· 작품을 이해하고 주제를 파악할 수 있게 이끔
	20	모둠 발표(3)	· 잘된 질문과 답을 3가지씩 골라 발표하기	· 질문하고 답하기에 대한 총평
	21	독서 퀴즈대회	· 지금까지 다룬 작품이나 꼭 읽히고 싶은 책을 정하여 독서 퀴즈대회 열기	· 장편 도서 활용 가능 · 한 달 전 대상 도서 소개 · 독서 퀴즈 문제와 상품 준비
4단계 분석하며 책 읽기	22	2학기 독서 계획 세우기	· 수준과 적성을 고려하여 직접 책을 살펴보며 계획 세우기	· 도서실 수업 · 독서 계획표 나눠 주기
	23	의미 지도 만들기	· 핵심어 찾아 마인드맵 하기	· 짜임새 있는 우수 단편 소설을 읽기 자료로 준비
	24	구조표 만들기	· 구성 단계에 따른 구조표 만들기	· 23차시 읽기 자료 활용 · 구조표 정답 제시
	25	인물 분석하기(1)	· 책 읽고 중심 인물 찾기	
	26	인물 분석하기(2)	· 인물의 특징을 분석하여 대조표 만들기	· 성격, 나이, 역할, 고민거리 따위 비교
	27	벤다이어그램 작성하기(1)	· 공통점이 있는 단편 소설 두 편을 비교하며 읽기	· 예를 들어 〈기억 속의 들꽃〉과 〈소나기〉를 함께 읽음
	28	벤다이어그램 작성하기(2)	· 두 작품을 분석하여 벤다이어그램을 작성하고 발표하기	· 비교 기준 제시
5단계 비판하며 책 읽기	29	서양 명작 동화 다시 읽기(1)	· 서양 명작 동화 다시 읽기	· 비판하며 책 읽기 안내
	30	서양 명작 동화 다시 읽기(2)	· 서양 명작 동화의 좋은 점과 문제점 살피기(전체 토론)	· 객관성을 유지하며 비판할 수 있게 이끔
	31	주제별 책 읽기(1) : 민족 분단	· 민족 분단을 다룬 책을 읽으며 토론 자료 마련하기	· 한 달 전 대상 도서 안내 · 《상처 입은 세기의 거장 윤이상》《무기 팔지 마세요》《장마》《그리운 매화향기》 활용

단계	차시	학습 주제	학습 활동	유의점
5단계 비판하며 책 읽기	32	주제별 책 읽기(2) : 토론 자료 만들기	· 민족 분단의 문제점에 대해 전체 토론(모둠별 토론 가능)	· 토론 틀거리 제시
	33	주제별 책 읽기(3) : 해결책 찾기	· 민족 분단의 해결책에 대해 전체 토론(모둠별 토론 가능)	· 토론이 형식적이지 않게 이끎
6단계 작품 재창조 하기	34	패러디 작품 쓰기	· 30분 분량의 소설을 읽고 관점이나 주제, 시대 배경을 바꿔 패러디 작품 쓰기	· 패러디 작품에 대한 소개 · 작품 걷기
	35			
	36	작품 발표와 평가	· 패러디 작품 가운데 잘된 것 소개하고, 평가하기	· 학생 평가 가능

단계별 의미 짚어 보기

1단계 ● 읽고 싶은 마음 다잡기

모든 일이 다 그렇겠지만, 독서 역시 읽는이가 그 필요성을 깨닫고 스스로 읽고자 하는 욕구를 가질 때 가장 좋은 결과를 얻을 수 있다. 그렇기에 본격적인 독서수업을 전개하기 전에, 아이들이 책 읽기에 대해 관심을 기울이고, 독서의 중요성과 필요성을 스스로 깨달을 수 있는 시간을 마련해 주는 것이 필요하다. 이런 생각으로 만든 것이 바로 1단계 '읽고 싶은 마음 다잡기' 이다.

1차시 '독서의 세계로 끌어들이기' 는 아이들 스스로 독서에 대한 흥미와 독서량, 독서 성향 따위를 진단해 보게 함으로써 독서에 대한 관심을 새롭게 불러일으키고자 한 것이다.

2~3차시는 아이들이 좋아하는 영상 매체를 활용하여 독서의 중요성과 필요성을 일깨우고자 한 것인데, 마침 KBS에서 제작한 좋은 비디오가 있어 선택해 보았다. (매체는 얼마든지 다른 것으로 대체해도 된다.)

2차시에 활용한 〈책 읽기의 유혹〉은 세계 여러 나라에서 아이들을 책으로 끌어들이기 위해 펼치는 독서 정책과 다양한 독서 행사, 학교의 독서수업 장면, 공공 도서관의 생생한 모습을 담고 있는데, 아이들은 이를 통해 우리 나라와 다른 나라를 비교하며 독서의 중요성을 깨닫고 자극을 받을 수 있다.

3차시의 〈그들은 책을 읽었다〉는 세계적으로 자기 분야에서 성공한 사람들(애니메이션 감독, 배우, 학자, CEO들)의 독서 습관과 독서에 대한 생각을 다양하게 담고 있다. 독서를 지나치게 '성공의 수단'으로만 생각하게 될까 봐 조심스럽긴 하지만, 역시 아이들이 독서에 대해 다시 생각해 볼 수 있도록 돕는다.

4차시는 도서실에서 아이들 스스로 한 학기 동안에 읽을 책들을 골라 보는 활동인데, 책에 대한 흥미도 돋우고 좀더 계획적인 독서를 하도록 이끄는 활동이다.

5~7차시는 자유롭게 책을 읽으며 책과 친해질 수 있도록 했다.

2단계 ● 중심 생각 끌어내기

글을 잘 읽으려면 글의 전체 흐름을 파악하며 핵심을 짚을 수 있어야 한다. 그러나 아이들은 물론 많은 사람들이 글을 읽을 때 자기가 좋아하는 인물이나 사건, 혹은 마음에 드는 몇몇 문장에 집착한 나머지 큰 흐름을 놓쳐 버리는 일이 많다. 2단계는 이런 점을 극복하기 위해 만든 것인데, 크게 '줄거리 쓰기'와 '장면화 그리기'로 이루어져 있다.

그동안 우리는 아이들에게 책을 읽고 줄거리를 쓰라는 말을 많이 해 왔다. 그러나 아이들은 의외로 줄거리를 쓸 때 매우 막막해한다. 어디에 초점을 맞춰 무슨 내용을 써야 할지 모르기 때문이다. 그래서 좀더 자세한 안내가 필요하다고 생각했다.

줄거리를 쓰는 연습을 할 때 가장 좋은 읽기 자료는 짜임새 있는 단편 소설이다. 아이들에게 알맞은 단편 소설을 안내하고, 작가가 작품을 통해 말하고자 하는 바, 곧 주제가 무엇인지를 생각하며 읽게 이끈다. 다 읽은 뒤에는 줄거리를 써 보게 하는데, 이때 소설에서 가장 중심이 된 사건이 무엇인지 생각해 보게 한다. 그리고 사건이 언제, 어디서, 누구에 의해 시작되고, 어떻게 전개되었으며, 그 결과가 어떻게 되었는지를 연결하여 쓰게 하는 것이다.

다음 차시에는 5~6명씩 모둠을 짜서 저마다 쓴 줄거리를 돌려 읽으며 어떤 것이 잘 되었는지 이야기하고, 그 결과를 바탕으로 다시 모범 줄거리를 같이 써 보게 한다. 이렇게 개인에서 모둠으로 수업을 연결시키면, 아이들은 토론 과정에서 자신이 잘못 생각한 부분을 수정할 수도 있고, 줄거리 쓰기에서 막연하게 알고 있던 것들을 좀더 뚜렷하게 알게 되는 경험을 할 수 있다.

'장면화 그리기'도 글의 흐름을 생각하며 중요 사건을 중심으로 글을 읽는 데 좋다. 줄거리를 쓸 때와 비슷한데, 구성 단계에 따라 전체 내용을 6~8단락으로 나누고, 사건을 중심으로 한두 문장으로 요약한 뒤, 장면화로 그리게 하는 점이 다르다. 영상 세대 아이들은 내용을 이미지로 기억하거나 그림으로 나타내는 것을 좋아하기도 하고, 잘하기도 한다. 이를 알맞게 활용하면 요약 능력이 길러질 뿐 아니라, 학습 동기를 끌어내는 데도 도움이 되고, 아이들의 상상력과 표현력, 창의성까지도 자극할 수 있어서 좋다.

14차시에는 읽을 책을 주제로 책갈피를 만들어 보는데, 계속 책만 읽었을 때 느끼게 되는 '따분함'을 넘어서기 위한 활동이다. 독서를 주제로 책갈피를 만들다 보면 다시 한 번 독서에 대한 관심을 갖게 되고, 더불어 표현력까지 기를 수 있다.

3단계 ● **질문하며 생각 키우기**

줄거리 쓰기가 중심 내용을 제대로 이해하는 데 도움이 된다면, 질문하기는 내용을 깊이 있고 비판적으로 읽게 하는 데 보탬이 된다. 작품 속에서 작가가 드러낸 생각에 질문을 던지고 나름대로 답을 찾다 보면, 읽는이는 겉으로 드러난 작품의 의미뿐 아니라 작품 속에 감춰진 의미도 가늠할 수 있게 된다. 물론 처음부터 잘할 수는 없지만, 거듭하다 보면 좋아진다.

오래 전 유태인 교육이 궁금하여 관련된 책들을 찾아 읽은 적이 있다. 그 때 내게 가장 강렬하게 와닿은 것은 바로 "너는 오늘 학교에 가서 무슨 질문을 던지고 왔니?"라는 말이었다. 유태인 부모가 학교에서 돌아온 아이를 맞으며 맨 처음 던지는 말인데, 대부분의 부모가 이렇게 말한다는 것이다. 어찌나 인상이 깊었던지, 그 말은 15년도 넘은 지금까지도 내 머릿속에서 떠나지 않는다. 그리고 시간이 지날수록, 세계적인 석학 가운데 왜 유태인이 많은지 이해할 수 있게 되었다.

무언가에 질문을 던지는 것은 인간이 본래 갖고 있던 지적 호기심을 나타내는 것이다. 이런 활동을 사회적으로 권장하고 교육을 통해 더욱 분발케 하는 것은, 단순한 호기심을 탐구의 차원으로 끌어올리려는 노력이라고 볼 수 있다. 어릴 때부터 이런 활동을 자연스럽게 받아들인 사람이 자기 생각이 튼튼하고 탐구심 강한 사람이 되는 것은 너무도 당연한 일일 것이다. 그런데 우리는 오히려 그들과 반대로 아이들의 질문을 틀어막는 교육을 하고 있으니 결과가 어떻겠는가.

이런 반성을 바탕으로 가장 심혈을 기울여 만든 것이 바로 3단계 활동이다. 물론 몇 차례 이런 수업을 했다고 해서 바로 아이들의 사고력이 높아지고 탐구심이 길러지지는 않을 것이다. 그러나 재량활동 시간(독서수업) 외에도 국어 시간이나 다른 교과 시간을 통해 이런 활동을 강조한다면 점차 나아질 것이다.

　　이 단계의 읽기 자료로는 주제가 강하고 생각할 거리가 많은 단편 소설이 좋다. 단편 소설 한 편을 한 시간 동안 읽고, 주인공을 인터뷰하게 한다. 질문은 3가지쯤으로 하고, 질문에 대한 답 역시 질문자가 써야 한다. 그리고 16차시에는 모둠별로 모여 서로 자신이 쓴 내용을 이야기하고, 그 가운데 잘된 것을 골라 모둠장이 모두 앞에서 발표한다.

　　그리고 17~18차시에는 인물 간의 갈등이 잘 나타나 있는 단편 소설을 선택해 두 인물에게 2가지씩 질문을 던지고 답한다. 이 활동은 우리가 작품을 읽을 때 자칫 주인공의 입장에서만 이해하려고 하는 점을 넘어서기 위한 것인데, 대립되는 인물에 대해서도 다시 한 번 깊이 생각해 보게 하여, 문제를 다양한 관점에서 볼 수 있게 한다.

　　마지막으로 '지은이에게 말 걸기'는 글을 읽을 때 작가의 의도가 무엇인지를 생각하며 읽게 하기 위한 것이다. 어떤 작품이든 그 속에는 작가의 세계관이나 가치관이 녹아 있다. 그렇기에 글이란 결국 작가의 세상 읽기와 삶 읽기인 것이다. 작가의 생각에 동의하는지, 작가의 의도는 제대로 표현되었는지를 살펴보며 읽는다면, 읽는이는 하나의 작품을 통해 자기 생각을 점검할 수 있을 뿐 아니라 세상을 보는 눈도 키워 나갈 수 있게 된다.

　　3단계 마지막에 하는 '독서 퀴즈대회'는 그동안 읽은 책을 다시 한 번 정리하면서, 아이들의 기분을 환기시키고 수업의 흥미를 높이려고 만든 것이다.

4단계 ● 분석하며 책 읽기

　　2단계 줄거리 쓰기와 3단계 질문하기 활동이 내용을 이해하고 생각을 키우는 데 초점을 맞추었다면, 4단계는 이를 바탕으로 작품 내용과 구조를 좀더 또렷하게 살피고 분석할 수 있게 하는 수업이다.

여기에는 한 작품을 읽고, 중요 낱말(중심 인물이나 사건, 핵심어 따위)을 중심으로 마인드맵을 하며 내용을 분석하는 방법과 구조표를 만들고 소설 구성 단계에 따라 내용을 정리해 보는 두 가지 방법이 있다.(23~24차시)

다음으로는 인물의 특징이 뚜렷한 단편 소설을 택해 주인공과 반동 인물, 주변 인물들의 특징(외모, 성격, 외적 환경 따위)을 대조표를 이용해 비교한다.(25~26차시) 더 나아가 비슷하면서도 다른 특징을 갖는 두 작품을 벤다이어그램을 통해 비교해 본다.(27~28차시)

이런 활동은 그동안 국어 시간에도 많이 해 온 것이기 때문에 특별한 것은 아니다. 단계별 독서수업 프로그램에서 크게 강조하지 않은 까닭은 이 때문이다.

5단계 ● 비판하며 책 읽기

독서교육을 통해 생각하는 힘과 옳고 그름에 대한 분별력을 키우고자 한다면 비판력과 토론 능력을 기르는 데 많은 힘을 쏟아야 한다. 그러나 이런 활동은 별도의 독서수업에서만이 아니라 모든 교과수업에서 활발하게 이루어져야 할 일이다. 독서수업으로는 시간 제약이 따르므로 이 프로그램에서는 맛보기로 짧게 구성하였다.

29~30차시는 기존의 서양 명작 동화를 비판적으로 패러디한 《흑설공주 이야기》를 읽으며, 작품을 비판적으로 읽는다는 것이 무엇인지를 경험적으로 알 수 있도록 한 것이다.

31~33차시는 토론 능력을 기르는 데 초점을 맞춘 활동인데, 우리에게 매

▲ 유태인들은 아이가 학교에서 돌아오면 오늘 학교에서 무슨 질문을 던지고 왔는지를 묻는다. 우리는 오히려 아이들의 질문을 틀어막고 있지는 않은가.

우 중요한 문제이면서도 형식적이 되어 버린 '민족 분단 문제'를 다룬 책들을 찾아 읽고 활발히 토론해 봄으로써, 민족 분단 문제에 대한 관심도 새롭게 일깨우고, 토론하는 방법과 능력도 스스로 키워 나갈 수 있도록 만든 것이다.

6단계 ● 작품 재창조하기

읽기의 끝은 창조여야 할 것이다. 그러나 엄밀한 의미에서의 창작 활동은 독서수업의 범위를 넘어선 것이기에, 이 프로그램에서는 원작을 패러디하여 재창조하는 것으로 마무리 지었다. 36차시의 제한된 시간 안에서 내용을 구성하다 보니 맛보기 형태의 짧은 3차시 프로그램이 되고 말았지만, 그렇다고 그 중요성이 줄어드는 것은 아니다.

34~35차시에는 읽기 좋고 패러디하기에도 좋은 작품을 택해 읽으며, 중심 소재를 바꾸거나 시대, 결말, 관점 따위를 바꿔 패러디 작품을 써 보게 한다. 36차시에는 아이들의 패러디 작품 가운데 잘된 것을 소개하고 평가하며, 지금까지 진행한 36차시 독서수업에 대해서도 간단히 총평하며 마무리 짓는다.

3장에서 더 자세히 다루겠지만, 단계별 독서수업 프로그램은 36차시로 모두 소화해 내기에는 상당히 버겁다. 실제로 이 프로그램을 그대로 해 보려던 많은 분들이 6단계에 미처 이르지 못하거나, 중간중간 한두 차시를 건너뛰면서 할 수밖에 없었다. 이런 문제에도 불구하고 36차시를 고집한 것은, 선생님들이 이 프로그램을 재량활동 시간에 활용해 볼 만하다고 여겼으면 하는 바람 때문이었다.(물론 그래도 재량활동 시간으로 배당된 32시간에서 4시간이나 초과하고 말았다. 그러나 그 4시간은 프로그램상 더 이상 줄일 데가 없었기 때문에 어쩔 수가 없었다.)

국어과의 경우, 시간을 더 마련할 수 있으면 10시간쯤 할애해서 총 42차시(재량활동 시간 32시간+국어 시간 10시간)로 하면 아주 좋다. 프로그램을 너무 빡빡하게 진행하다 보면, 학습 능력이 부족한 아이들은 이 수업을 따라오지 못한다. 만일 이 프로그램을 운영할 시간을 따로 마련하기 힘들면, 교과서에 나온 작품을 읽기 자료로 활용한다든지, 생활 국어의 말하기 듣기 쓰기 단원과 접목시켜 할 수 있다.

만일 독서 동아리나 가정에서 이 프로그램을 활용하고자 한다면, 여건에 따라 작품을 바꿔 가며 되풀이하면 좋다.

36차시 단계별 독서수업 프로그램은 하나의 모형에 불과하다. 활용하는 사람이 여건에 알맞게 변형해 쓰면 더 좋을 것이다.

3장

독서수업에서는 20분 정도면 읽을 수 있는 단편 소설을 주된 읽기 자료로 선택하였다. 그 까닭은 학교에서 단계별 독서수업 프로그램을 활용할 때, 제한된 수업 시간 안에 짜임새 있게 수업을 진행해야 하는데, 긴 글을 선택하면 내용을 감당하기 어렵기 때문이다. 그리고 많은 읽기 자료 가운데 소설을 주로 선택한 까닭은 다른 글보다 우리 아이들의 감성과 생각을 풍부하게 키워 줄 수 있다고 판단했기 때문이다. 따라서 우리가 독서수업에서 선택한 읽기 자료는 절대적인 읽기 자료가 아니며, 독서수업을 이끄는 이들의 가치관과 목표에 따라 얼마든지 새롭고 다양한 읽을거리로 채울 수 있다.

독서수업을 할 때, 교사는 학생들에게 수업 목표와 해야 할 일을 자세히 안내하고, 칠판에 꼭 써 놓는 것이 좋다.

단계별 독서수업 들여다보기

1단계 _ 읽고 싶은 마음 다잡기
2단계 _ 중심 생각 끌어내기
3단계 _ 질문하며 생각 키우기
4단계 _ 분석하며 책 읽기
5단계 _ 비판하며 책 읽기
6단계 _ 작품 재창조하기

형식적인 문제가 아니라, 집중력을 필요로 하는 독서수업에서 수업 분위기를 다잡는 데 보탬이 되기 때문이다. 실제로 이렇게 했을 때와 하지 않았을 때 아이들의 반응은 매우 다르다. 무엇을 할지 몰라 갈피를 잡지 못하는 아이들과 비슷한 질문과 답을 되풀이하다 보면 조용한 분위기를 유지하기 어려운데, 불필요한 질문을 줄이는 좋은 방법이다.

3장에서는 단계마다 짧은 시가 나온다. 그 단계의 내용을 이미지로 미리 감지해 볼 수 있게 중대부중 주상태 선생님이 지은 시이다. 빽빽한 마른 나뭇가지들 속에서 한두 잎 팔랑이는 초록 잎새, 그 맛을 음미할 수 있었으면 좋겠다.

책을 만나러 가자

책은 어디에 있는가
책을 만나러 가자

그들이 우리를 유혹하기 전에
우리가 먼저 손을 흔들자
먼저 펜을 들고
먼저 머리를 들고
먼저 눈을 크게 뜨고
좁고 어두운 동굴에서 벗어나
이젠 책 속으로 들어가자

그곳에서 만난 친구에게 편지도 쓰고
그림도 그리고
사랑하는 사람과 함께
빛나는 우리의 꿈을 궁글려 보자

1단계

읽고 싶은 마음 다잡기

1차시 _ 독서의 세계로 끌어들이기
2차시 _ 세계의 도서관 들여다보기
3차시 _ 독서로 성공한 사람들 엿보기
4차시 _ 1학기 독서 계획 세우기
5차시 _ 자유로이 책 읽기(1)
6차시 _ 자유로이 책 읽기(2)
7차시 _ 가벼운 독후 활동

1차시 독서의 세계로 끌어들이기

수업 목표

자신의 독서 환경이나 습관, 독서량, 성향을 살피며 독서에 대한 관심을 갖는다.

1단계는 아이들을 독서에 흥미를 갖게 이끄는 단계입니다. 인터넷이나 컴퓨터 게임과 같이 감각적인 재미로 아이들을 유혹하는 것들이 늘어나면서, 요즘은 스스로 책을 찾아 읽는 아이들이 매우 드뭅니다. 이 단계의 목적은 본격적인 독서수업에 앞서 독서의 의미와 필요성을 생각하며, 책을 읽고 싶은 욕구를 느끼게 하는 데 있습니다. 그 중 1차시는 책에 대한 관심도나 독서량, 독서 성향 따위를 스스로 진단해 보게 하면서 책으로 끌어들이는 활동입니다. 이 활동은 이후 독서 계획을 세우는 데 바탕이 됩니다.

수업 전개

① 독서의 의미와 중요성을 이야기하며 앞으로 진행할 단계별 독서수업에 대해 안내합니다.
② 독서수업 프로그램과 미리 준비한 독서 진단서를 나눠 준 다음, 작성하게 합니다.
③ 아이들이 작성한 독서 진단서를 확인하고 몇몇 아이들에게 발표하게 합니다.

▶◆ 활용 자료
독서 진단서
(【자료1】 참조)

36차시로 이루어진 단계별 독서수업을 할 때, 먼저 교사 스스로 독서의 의미와 필요성에 대해 충분히 고민하고 나름의 답을 찾은 상태에서 출발해야 합니다. 본격적인 독서수업에 앞서 스스로의 독서 상태가 어느 정도인지 가늠할 수 있도록 독서에 대해 스스로 진단해 보는 것이 좋은데, 이때 독서 진단서 양식을 활용하는 것이 도움이 됩니다. 독서 진단서는 집에 있는 책의 수, 하루 독서 시간, 즐겨 읽는 책, 친구에게 권하고 싶은 책 따위를 묻는 문항을 넣어 만들고, 아이들에게 나눠 줍니다. 진단서를 작성하는 데 필요한 시간은 10분이면 넉넉합니다. 이때 집에 있는 책이 몇 권인지 모르겠다는 아이가 있으면, 보통 책꽂이 한 칸에 대략 30권 정도 책을 꽂을 수 있으니 집에 있는 책을 가늠해 보라고 합니다.

진단서 작성이 끝나면 질문을 통해 내용을 확인합니다. 책을 많이 읽은 아이에게는 그 까닭을 물어봐도 좋습니다. 또 가장 인상 깊게 읽은 책이나 친구에게 권하고 싶은 책에 대해 서로 이야기해 보는 시간을 갖는 것도 좋은 자극이 됩니다.

독서수업을 하는 이유를 설명하고, 수업 프로그램에 대한 안내를 하다 보면 1시간으로 부족할 수도 있습니다. 독서의 가치에 대해서는 따로 시간을 마련하여 충분히 이야기를 나누면 좋습니다.

한 걸음 더!

독서의 가치와 필요성에 대해 공감하면 할수록 아이들은 독서수업에 적극적이고 능동적으로 참여합니다. 시간을 따로 마련하여 '책은 반드시 읽어야 하는가?'와 같은 주제로 토론해 볼 수도 있고, 시간이 여의치 않다면 교사가 진지하게 설명하는 시간을 가져도 좋습니다. 더불어 아이들이 독서에 대해 생각해 볼 수 있는 책을 추천하여 자연스럽게 읽어 볼 수 있도록 이끄는 것도 좋습니다. 독서의 중요성과 필요성을 안내해 주는 책으로는 다음과 같은 책이 있습니다.

- 독서가 어떻게 나의 인생을 바꾸었나? 에너 퀸들런 지음, 임옥희 옮김, 에코리브르, 2001
- 독서와 이노베이션 정을병 지음, 청어, 2002
- 각주와 이크의 책 읽기 이권우 지음, 한국출판마케팅연구소, 2003
- 우리 아이, 책 날개를 달아 주자 김은하 지음, 현암사, 2000
- 책 이야기 윤갑병 지음, 교학사, 1991
- 책 나라로 가는 길 김수남 지음, 현암사, 1991
- 책의 세계 한태석 지음, 교학사, 1991
- 너희가 책이다 허병두 지음, 청어람미디어, 2004
- 생각을 넓혀 주는 독서법 모티머 J. 애들러 외 지음, 멘토, 2000
- 성공한 사람들의 독서 습관 시미즈 가쓰요시 외 지음, 김혜숙 옮김, 나무한그루, 2004
- 생산적 책 읽기 50 : 어느 독서광의 안상헌 지음, 북포스, 2005
- 아침 독서 10분이 기적을 만든다 하야시 히로시 지음, 한상수 옮김, 청어람미디어, 2005

【자료1】 독서 진단서

독서 진단서

_____ 학년 _____ 반 이름 _____

1. 집에 참고서나 교과서를 제외한 책(교양도서, 사전, 좋은 만화책 등)이 얼마나 있습니까?
   약 _____ 권

2. 하루 평균 책 읽는 시간은?
   ① 없다   ② 30분 정도   ③ 30분~1시간   ④ 1시간~2시간   ⑤ 2시간 이상

3. 한 달에 교양도서(문학서적, 인문서적, 교양잡지, 학습만화류 등)를 몇 권이나 읽습니까?
   ① 없다   ② 1권   ③ 2권   ④ 3권   ⑤ 4권 이상

4. 주로 읽는 책은?
   ① 만화책   ② 그림책   ③ 동화책   ④ 일반 소설   ⑤ 판타지나 추리 소설   ⑥ 인문서적

5. 자신의 독서 능력은 어느 정도라고 생각합니까?
   ① 만화책 외에는 읽기 힘들다.
   ② 동화책을 읽고 내용을 파악할 수 있다.
   ③ 중학생 권장도서를 읽고 내용을 파악할 수 있다.
   ④ 중학생 권장도서 이상의 책도 웬만큼 읽을 수 있다.

6. 다음 목록 가운데 읽은 책에 O표 하시오.

(※ 다음 제시한 목록은 사정에 따라 적절히 조정하여 활용할 수 있습니다.)

· 21세기 먼나라 이웃나라	· 나의 라임오렌지나무	· 마당을 나온 암탉
· 가시고기	· 어린 왕자	· 수레바퀴 밑에서
· 창가의 토토	· 앵무새 죽이기	· 제인 에어
· 옛날 사람들은 어떻게 살았을까	· 맨발의 겐	· 수학 귀신
· 물리학자는 영화에서 과학을 본다	· 그리스 로마 신화	· 중국견문록

7. 지금까지 읽은 책 가운데 기억에 남는 책을 10권 쓰시오.

순번	책 이름	지은이	순번	책 이름	지은이
1			6		
2			7		
3			8		
4			9		
5			10		

8. 지금까지 읽은 책 가운데 감동 받았거나 인상 깊었던 책은?

책 이름 / 지은이 : _____

이유 : _____

9. 친구에게 꼭 권하고 싶은 책은?

책 이름 / 지은이 : _____

이유 : _____

2차시 세계의 도서관 들여다보기

수업 목표

세계의 훌륭한 도서관의 모습과 독서 환경을 우리 나라와 비교해 보고, 도서관의 필요성과 독서의 중요성을 깨닫는다.

독서의 중요성을 이야기할 때, 백 마디 말보다 좋은 비디오 한 편을 보여 주는 것이 더 효과적일 수 있습니다. 2001년에 KBS에서 제작한 〈책 읽기의 유혹〉은 독서수업 자료로 활용하기에 손색이 없는 좋은 영상 자료입니다. 선진국에 비해 우리 나라는 학교 도서관도 제대로 갖추고 있지 않을뿐더러 공공 도서관도 턱없이 부족하고 시설도 열악합니다. 이런 상황에서 엄청난 장서와 시설을 갖춘 세계 유명 도서관의 모습을 소개한 영상을 보여 주면 아이들은 매우 흥미로워하고 부러워합니다. 아이들을 책으로 유혹하기 위해 선진국에서는 얼마나 많은 공을 들이고 있는지, 또 얼마나 다양한 독서 프로그램을 활용하고 있는지를 알게 되면서, 아이들은 자연스럽게 책의 세계에 관심을 갖습니다.

수업 전개

① 〈책 읽기의 유혹〉 비디오 테이프를 보여 줍니다.
② 아이들에게 10줄 감상문을 쓰게 합니다.
③ 감상문 발표 시간을 갖습니다.

●◆ 활용 자료
〈책 읽기의 유혹〉
KBS 제작 비디오

〈책 읽기의 유혹〉은 60분짜리 비디오 테이프입니다. 수업 시간에 맞춰 미리 30~35분으로 편집하여 보여 주면 좋고, 여의치 않다면 중복되거나 지루한 부분을 빨리 감기를 하면서 진행해도 좋습니다.
영상 자료를 활용한 수업에서는 비디오를 왜 감상하는지, 수업 목표를 잊지 않도록 합니다. 교사는 미리 내용을 파악한 뒤, 수업 중간중간 보충 설명을 곁들이는 것이 효과적입니다. 아이들에게는 비디오를 보며 메모를 하게 하면 집중력을 높일 수 있습니다.

비디오 감상이 끝나면 느낀 점을 10줄로 써 보게 합니다. 분량을 10줄로 정한 까닭은 아이들이 자기 생각이나 느낌을 정리할 때 글의 분량에 부담을 느끼지 않고 쉽게 시작할 수 있도록 하기 위해서입니다. 내용이 흥미롭게 전개되기 때문에 쓸거리도 많고, 메모를 하며 비디오를 시청하고 나면 누구라도 쉽게 감상을 쓰게 됩니다. 우리 나라와 비교하면서 글을 쓰는 아이들도 있습니다. 감상문 쓰기가 끝나면 인상 깊은 내용을 자유롭게 말하게 합니다. 비디오 테이프는 KBS 영상사업단에 문의하면 구입할 수 있습니다.

한 걸음 더!

〈책 읽기의 유혹〉을 본 뒤, ○×퀴즈 문제를 만들어 함께 풀어도 좋습니다. 고등학생에게는 우리 나라 도서관 정책을 세워 보게 하거나 아이들을 책으로 유혹하기 위한 방법 따위를 발표시켜도 좋습니다.

【자료2】 〈책 읽기의 유혹〉 영상 자료

TV, 책을 말하다
제2편 책 읽기의 유혹

1. 21세기 필수 생존 전략, 책 읽기!

싱가포르 일간지 〈스트레이트 타임즈〉(2000년 6월 10일자)에 따르면 싱가포르는 최근 5년간 도서관 이용자가 5배, 대출은 2배나 증가했다. 첨단 미디어 산업의 급격한 발달에도 불구하고, 21세기 경쟁 사회에 필요한 지식 획득을 위해 책을 읽는 사람들이 크게 늘고 있는 것이다. 21세기 생존을 위해, 세계 각 국가들은 어떻게 독서 인구를 확보하고 독서 인프라를 구축하고 있는가? 한국 책 읽기 문화의 현재와 그 부흥을 위한 인프라의 현황을 점검하고 나아갈 방향을 모색한다.

2. 세계의 청소년들은 어떻게 책 읽기의 유혹에 빠져드는가?

▶ **영국의 '북 토큰'**: 대문호 셰익스피어의 탄생일이자 '책과 저작권의 날'인 4월 23일을 기념해 영국에서 벌어지는 어린이 독서 캠페인 가운데 하나인 '북 토큰(Book Token)'은 어린이들이 할인된 가격으로 책을 살 수 있게 한 제도다. 행사 두 달 전 학교를 통해 영국과 아일랜드의 모든 어린이들에게 배포되는 북 토큰에 대해 알아본다.

▶ **핀란드 이동 도서관 '북 모빌'**: 혼자서 도서관에 찾아가기 힘든 어린 아이들을 위해 이동 도서관을 운영하는 핀란드. '북 모빌'이라 부르는 이 버스에 아이들이 몰리는 이유는?

▶ **일본의 '아침 10분 독서 운동'**: 일본 마이니찌 신문 조사에 따르면 일본 초등학생은 1년에 91권의 책을 읽는다. 이에 비해 한국 초등학생의 한 학기 독서량은 23.3권. 일본 초등학생이 우리 나라 학생보다 2배나 많이 읽고 있는 것. 이런 일본이 최근 더욱 초등학생 독서교육에 박차를 가하고 있다. 오전 수업 시간 전 10분간 읽고 싶은 책을 읽는 것. 일본 전역으로 퍼지고 있는 '아침 10분 독서 운동'의 성과를 알아본다.

▶ **독일, '책과 미디어의 공존 전략'**: 텔레비전이나 인터넷과 같은 미디어의 영향으로 줄고 있는 독서량을 고민하는 독일. 한 학교에서는 '독서의 적'이라 여겨진 이러한 매체를 독서수업에 적극 활용하고 있다. 독일 학교의 독서수업 현장을 가 본다.

3. 한국 청소년 독서 문화, 어디서 어떻게 이루어지고 있나?

최근 성행하고 있는 몇몇 사설 독서 클럽들은 독서교육에 대한 부모들의 열기를 말해 준다. 20년간 어린이 독서에 관해 진지하게 탐구하고 실천하는 〈어린이도서연구회〉는 어린이 권장도서를 선정하고 〈동화읽는어른모임〉을 꾸리는 등 어린이 독서 문화 부흥에 앞장서고 있다. 이들이 안타깝게 지적하는 것은 독서 문화에 대한 공교육 부재와 인프라 부족. 독서의 하드웨어 인프라, 도서관! 한국의 도서관들은 어떤 문제점을 갖고 있나?

4. 한국의 학교 도서관 VS 외국의 학교 도서관!

학교 건물 맨 꼭대기 외진 곳, 한 켠에 언제나 닫혀 있는 서고. 이것이 바로 지금까지 우리가 학교 도서관에 대해 가지고 있던 이미지다. 그러나 최근 한국의 학교 도서관에도 변화의 바람이 불고 있다. '학교 도서관 살리기 국민연대' 출범식(2000. 11. 30)에서 전국 초·중·고 도서반연합회 학생들은 "학교 도서관을 살려 주세요"란 피켓을 들고 호소했다. '아름다운 학교 도서관'으로 선정된 한 고등학교의 도서관과 학부모들의 노력으로 방학 중에도 활짝 문을 열고 있는 한 초등학교의 사례를 통해 우리 나라 학교 도서관의 가능성과 이미 활성화돼 자리 잡은 영국과 미국의 학교 도서관을 살펴본다.

5. 이것이 바로 미국 도서관

책 30권, 비디오 테이프 10개를 최대 6주 동안 대출. 80여 개 지역 도서관 어디서나 빌리고 어디서나 반납한다. 뉴욕 맨해튼 5번 애비뉴에 자리 잡은 뉴욕 공공 도서관(The New York Public Library). 하루 평균 5만여 명의 이용자에 장서는 줄잡아 1,160만 권에 이른다. 80여 개의 지역(branch) 도서관과 연계되어 원하는 책을 도서관 어디서나 대출하고 반납한다. 소장하고 있지 않은 자료는 국회 도서관에서 빌려 이용자에게 전달한다.

미국 도서관에서 진행하고 있는 독서 프로그램들은 일일이 거론하기 힘들 만큼 다양하다. '세계의 중심으로 서기 위해선 번듯한 도서관 건립이 필수'라고 말하는 미국의 도서관을 취재, 미국의 힘이 과연 무엇인지를 생각해 본다.

6. 연중무휴, 밤 10시까지 열려 있는 일본의 공공 도서관!

도쿄 서북쪽 야마나시 현의 인구 4,000명의 작은 마을, 오오이즈미. 이곳의 도서관은 연중무휴. 밤 10시까지 문을 열 수 있는 이유는 무인 관리 시스템 때문이다. 밤 7시가 넘으면 관리하는 사람 없이 이용자 스스로 자기 카드로 출입하고 자동 대출 반납기를 이용해 편리하게 책을 빌릴 수 있다. 사용자의 편리를 적극 배려하는 일본 공공 도서관을 밀착 취재한다.

7. 지혜의 불을 밝히다 - 브라질 꾸리찌바 시의 선택

세계에서 가장 빈부 격차가 심한 나라 가운데 하나, 브라질의 꾸리찌바. 이 도시 저소득 지역 곳곳에 서 있는 도서관 '지혜의 등대'는 빈민들을 '지혜의 길'로 안내한다. 지식에 접근할 수 있는 기회의 차별을 없애고 정보와 교육 기회를 확대하기 위해 세워졌다. 초등학생에서 성인에 이르기까지 책도 빌리고 문화 생활도 즐긴다. 꾸리찌바 시의 '지혜의 등대' 정책과 그 결실을 심층 취재한다.

8. 그렇다면, 우리 나라 도서관 정책의 현주소는?

디지털 시대, 정보의 보고인 도서관을 정보화하는 것은 중요한 일. 현재 3천억 원의 예산으로 도서관 정보화 사업이 추진 중이다. 하지만 이에 버금가게 중요한 것이 도서관 장서 구비다. 마땅히 갖추어야 하는 도서관의 도서와 자료를 위한 예산은 지금 확보돼 있는가? 한국의 공공 도서관과 미국, 독일, 일본 등의 도서 자료 구입비 실태를 비교해 본다.

9. 책과 방송의 아름다운 공존

프랑스 2TV는 매주 두 시간씩 프라임 타임 대에 '부이용 드 퀄튀르(Bouillon de Culture)'라는 독서 프로그램을 방영한다. 비슷한 주제로 책을 쓴 저자들을 5~6명 초청해 저자들의 생각을 듣고 토론하는 프랑스 최고 권위의 독서 토론 프로그램이다. 시청률에 연연하지 않고 텔레비전에서 꾸준히 책을 이야기할 수 있었던 비결을 알아본다.

※ KBS 영상사업단 비디오 안내 자료에서 간추렸습니다.

[자료3] 비디오 감상문

〈책 읽기의 유혹〉을 보고

관악중학교 1학년 유 사루비아

영국에서 책의 날을 정하여 아이들에게 '북 토큰'을 무료로 배부하는 것이 인상적이었다. '북 토큰'은 우리 나라 도서 상품권과 같은 것이다. 영국에서 책의 마을이라고 불리는 헤이온 마을은 마을 전체에 40여 개의 서점이 밀집되어 있어서 세계 여러 나라 사람들이 책을 사기 위해서 이 마을에 오기도 한다. 핀란드에서는 아이들을 위해 이동 도서관인 '북 모빌'을 만들었는데, '북 모빌'에서는 책뿐 아니라 CD까지도 빌릴 수 있다. 일본에서는 학생들에게 수업 시간 전에 10분씩 책을 읽게 하는데 무려 5,000개 학교에서 10분간 독서를 하고 있다고 한다. 한국보다 독서량이 두 배나 되는 일본은 오히려 학생들의 독서량이 적다며 의회에서 독서 추진법까지 제정하였다. 일본은 한국보다 10배가 넘는 공공 도서관을 갖추고 있고, 미국 뉴욕 도서관은 그 겉모습도 화려한 데다 장서 수가 1,160만 권이나 된다니 너무 놀라웠다.

다른 선진국들에서는 도서관에서 책을 읽고 있는데, 우리 나라에서는 도서관에서 책은 안 읽고 취업이나 입시 공부를 하는 모습이 부끄러웠다. 게다가 우리 나라는 전망이 좋은 곳에 호텔이나 음식점을 짓는데 일본은 도서관을 짓는다고 하는 것도 인상적이었다. 우리 나라도 주변에 공공 도서관이 많아져서 책을 손쉽게 읽을 수 있었으면 좋겠다.

관악중학교 2학년 박유미

영국에서 책과 독서에 대한 가치를 이해하고 즐기게 하려고, '세계 책의 날'에 북 토큰을 나눠 주어 아이들을 책과 가까이하게 하려는 모습, 마을 하나가 40여 개가 넘는 서점으로 되어 훌륭한 관광지가 된 것, 독일 김나지움의 독서수업 등 세계 여러 나라의 독서 실태는 나를 아주 놀라게 했다. 우리 나라와는 비교도 할 수 없는 독서량과 대단한 규모의 도서관들이 경제적으로나 인격적으로 차이 나게 하는 이유인 듯하다.

뉴욕의 공공 도서관 같은 도서관이 우리 나라에도 있다면 엄청난 성장을 할 거라는 생각이 들었다. 책으로의 유혹, 한국도 그 유혹이 필요한 때이다.

3차시 독서로 성공한 사람들 엿보기

수업 목표

독서로 성공한 사람들의 이야기를 통해 독서의 중요성과 필요성을 깨닫는다.

책이란 읽으면 좋지만 안 읽어도 그만이라고 생각하는 아이들이 많습니다. 특히 연예인이나 운동선수가 꿈인 아이들에게 이런 경향이 짙게 나타나는데, 이들은 '책은 학자가 될 사람이나 읽는 것'이라는 편견을 갖는 경우가 많습니다. 이런 아이들에게 자극을 주고 누구에게나 책을 읽는 것이 소중한 일임을 알려주려면 어떻게 해야 할까요? 독서를 통해 끊임없이 성장하며 자기 분야에서 성공한 사람들의 이야기를 들려주면 어떨까요? 이번 시간에는 '책에서 모든 영감을 얻는다'고 했던 영화 〈타이타닉〉을 만든 제임스 카메론 감독이나 유명 디자이너, 연예인들과 인터뷰한 내용을 담은 〈그들은 책을 읽었다〉를 함께 보면서 독서 흥미를 불러일으켜 봅시다.

수업 전개

① 〈그들은 책을 읽었다〉 비디오 테이프를 보여 줍니다.
② 아이들에게 10줄 감상문을 쓰게 합니다.
③ 감상문 발표 시간을 갖습니다.

●◆ 활용 자료
〈그들은 책을 읽었다〉 KBS 제작 비디오

〈그들은 책을 읽었다〉도 60분짜리 영상 자료입니다. 2차시 수업과 마찬가지로 30~35분으로 편집하고 보충 설명을 곁들여 보여 줍니다. 메모하며 볼 수 있도록 하고, 모두 보고 나면 10줄 감상문을 쓰게 합니다. 많은 아이들이 연예인이나 디자이너는 책을 멀리해도 상관없는 직업이라고 생각하고 있을 텐데, 감상문을 쓸 때 이들이 책을 꼭 읽어야 한다고 말하는 내용을 보면서 어떤 생각을 했는지 솔직한 느낌을 적게 합니다. 소감문 쓰기가 끝나면 평소 독서에 별 흥미가 없거나 필요성을 느끼지 못했던 아이들에게 발표할 기회를 줍니다.

1단계 • 읽고 싶은 마음 다잡기

한 걸음 더!

2~3차시 활동은 책 읽기에 관심이 없는 아이들을 책으로 끌어들이기 위해, 아이들이 좋아하는 영상 자료를 활용한 수업입니다. 따라서 반드시 위 자료를 고집할 필요는 없습니다. 독서의 필요성을 깨닫게 하고 독서 의욕을 북돋워 줄 자료가 있다면 얼마든지 바꿔 써도 좋습니다. KBS에서 만든 영상 자료 가운데 〈혁명 전야의 책〉도 활용해 볼 만합니다. 〈혁명 전야의 책〉은 중세 시대 사슬에 묶여 있던 책의 모습에서 현재 전자책에 이르기까지, 책의 형태가 어떻게 바뀌어 왔는지 그 변화 과정을 보여 줍니다. 특히 21세기 인터넷이라는 매체와 싸워 살아남기 위해 화려하게 변신하는 책의 모습을 볼 수 있어서 흥미롭습니다.

[자료4] 〈그들은 책을 읽었다〉 영상 자료

TV, 책을 말하다
제1편 그들은 책을 읽었다

1. 책 읽기의 힘은 무한하다
- 영국의 Book Start Project

일본에서 아이를 가진 어머니라면 모르는 사람이 없을 정도로 보편화된 Book Start 운동, 그 모태는 영국에서 시작되었다. 영국의 Book Start Project는 읽고 쓰는 능력의 저하, 상상력의 결여, 엷어진 부모 자식 관계와 같은 문제를 해결하기 위한 대책 가운데 하나로, 1992년 독서 추진 단체 〈영국북트러스트협회〉를 중심으로 버밍햄 도서관, 남쪽 버밍햄 보건국, 버밍햄 대학 교육학부가 하나가 되어 시작됐다. Book Start Project는 아이들이 7~9개월이 되어 건강진단을 받을 때 부모들에게 두 권의 무료 유아용 도서와 여러 가지 충고, 정보, 지역 도서관 초청서가 들어 있는 꾸러미를 준다. Book Start Project가 시작된 지 6년 후, 버밍햄대학 연구진이 Book Start를 실시한 가족과 실시하고 있지 않은 가족을 두 그룹으로 나누어 비교 조사한 결과, 이 프로그램에 참여했던 아이들은 Baseline Assessment에서 또래 아이들보다 9개 영역에서 현저히 높은 점수를 기록, 읽고 쓰기, 산수에서도 확실히 앞섰다. 2000년 여름까지 210개소 이상 Book Start Project를 진행하고 있고, 해마다 아이들에게 10만 권 이상을 제공하고 있다. 이는 영국 유아 책의 92% 이상을 차지하는 수치다.

2. 성공은 책의 힘에서 시작되었다

▶ 미국 방송가에서 가장 높은 개런티를 받고 있는 토크쇼 진행자 오프라 윈프리. 그녀는 불우했던 어린 시절을 책이 없었다면 이겨 내지 못했을 것이라고 말한다. 위인 이야기를 담은 책을 보면서 꿈과 희망을 키우며 흑인이라는 인종적 콤플렉스에서 벗어날 수 있었다는 것이다. 북클럽을 조직해 책 읽는 문화 운동을 이끌고, 일주일에 두 번은 유명한 저자를 자기 쇼에 출연시키면서 많은 사람들에게 책 읽기의 중요성을 강조하고 있는 오프라 윈프리. 그녀의 희망은 미국을 다시 책 읽는 나라로 만드는 것이다. 공공 도서관에 따로 진열된 그녀가 읽은 책 코너가 소개된다.

▶ 할리우드의 경쟁력은 책에서 비롯되었다. 오늘의 할리우드를 지탱하고 있는 유명 배우들과 감독들의 이야기. 〈다이하드〉와 〈클리프행어〉를 감독한 레니 할린, 〈타이타닉〉과 〈터미네이터3〉를 감독한 제임스 카메론, 〈트루 라이즈〉〈블루 스틸〉〈완다라는 이름의 물고기〉 등에 출연했던 지성파 여배우 제이미 리 커티스가 말하는 책 읽기의 중요성은? 할리우드 영화 배우의 대부격인 할리우드 명예시장 자니 그랜트는 말한다. 하루 일과 가운데 30~40%를 책 읽기에 할애하지 않으면 이곳에서 버틸 수 없다고.

3. 21세기 기업 경쟁력을 좌우하는 힘, 책에 있다

▶ 포켓몬의 아성을 위협하고 있는 디지몬. 디지몬은 1998년 일본 반다이사의 게임으로 출발했다. 이후 만화 잡지, TV 애니메이션, 극장판 애니메이션을 선보이며 포켓몬과 비슷한 수준으로 인기를 얻기 시작해, 110여 종이나 되는 캐릭터 상품을 선보이며 열광적인 선풍을 일으키고 있다. 실질적으로 디

▶ 지몬을 탄생시킨 반다이사의 한 외주 제작업체, 기발한 아이디어와 기획력을 자랑하는 그들의 경쟁력 뒤에는 끊임없이 책을 읽는 습관이 있었다.

▶ 기업 경영 일선에서 물러난 뒤 최근엔 금융개혁위원장으로서 금융제도의 새 틀 짜기 작업을 이끌어 온 박성용 금호그룹 명예회장은 경제인 가운데 문화 애호가이자 소문난 독서가. 본사 사옥 1층에 도서실을 갖춰 직장 내 독서 분위기를 일궈 온 금호그룹, 지난 수년간 독서 문화를 가꿔 오면서 금호그룹이 이뤄 낸 변화와 성과를 알아본다.

4. 전문가 집단이 없는 이유!
– 지식 기반의 근본인 책이 부족하기 때문이다.

▶ 지식력을 무기로 하는 벤처 기업 메타 브랜딩. 기업의 브랜드 이미지를 창출하는 메타 브랜딩에 있어서 새로운 지식의 창출은 곧바로 기업 경쟁력으로 직결된다. 지식 창출과 공유를 위해 그들이 선택한 방법 가운데 한 가지는 바로 책 읽기였다. 메타 브랜딩의 구성원들은 최근 번역 공부에 몰입해 있다. 그들이 번역 공부를 할 수밖에 없는 이유, 그것은 참신한 아이디어 개발에 도움이 될 만한 책이 절대적으로 부족해서이다.

▶ 한국의 대표적인 IT 기업〈안철수바이러스연구소〉의 CEO 안철수. 다양한 방면에 관심을 갖고 있는 안철수 박사 역시 어렸을 때부터 독서광이었다. 그는 요즘 아마존에서 책을 자주 구입한다. 우리 나라에서 출판되지 않은 분야의 책이 많아서이다.

▶ 지식을 무기로 하는 기업과 개인들이 토로하는 고민은 필요한 책이 없다는 것. 그렇다면 과연 우리에게는 어느 분야의 어떤 책들이 부족한가? 한국을 비롯, 미국, 일본, 영국, 프랑스, 독일의 대표적인 도서관에서 동일한 검색어를 통해 각국의 도서량, 우세 분야를 비교해 본다.

5. 밝은 미래, 책에 있다

E-Book이 등장하고, CD-ROM이나 DVD가 종이책을 대신하게 될 것이라고 예견되는 등 매체 환경이 변하고 있지만, 세상이 달라져도 변할 수 없는 건, '컨텐츠의 힘은 영원하다'는 명제이다. 트렌드와 변화를 읽고, 발전해 가는 각종 매체를 더 잘 활용하기 위해서 선행되어야 하는 것은 역시 책 읽기라는 전문가들의 메시지.

※ KBS 영상사업단 비디오 안내 자료에서 간추렸습니다.

【자료5】 비디오 감상문

〈그들은 책을 읽었다〉를 보고

관악중학교 2학년 이보람

유명한 만화가나 디자이너, 영화 감독, 영화 배우들, 특히 할리우드에서 대작을 제작하여 세계를 감동시키는 사람들은 대단한 상상력을 지니고 있다. 그런데 놀라운 것은 그들이 지닌 풍부한 상상력의 원천은 어릴 적 읽은 책이라고 하나같이 말하고 있다는 것이다. 한때 애니메이션계에 큰 열풍을 일으킨 〈포켓 몬스터〉를 제작했던 사람들마저 독서가 중요하다고 하니 독서의 힘이 어느 정도인지 가늠해 볼 수 있겠다.

우리 나라 국회의원들은 '책 읽을 시간 없이 바쁘다'고들 하는데 난 솔직히 너무 뻔한 핑계로만 들렸다. 책 읽을 시간을 일정하게 정해 놓지 않고 그냥 시간이 남으면 책을 읽겠다는 마음을 바꿔야 한다고 생각했다.

난 디지털북에 관심이 생겼다. 그게 보편화되면 지금과 같은 종이책을 사는 일은 줄어들겠지만 IT 강국인 우리나라로선 참 괜찮은 독서 수단이 될 것 같다. 나도 디지털북이 나오면 사서 한 권 갖고 싶다.

성공한 사람들은 그들이 어떤 환경에 있든, 어떤 직업을 갖고 있든, 어떤 신분이며 어떤 취향을 가졌든 상관없이 '독서'를 많이 한다는 것을 알게 되었다. 꼭 성공하기 위해서는 아니지만 지속적인 독서는 반드시 필요할 것 같다.

관악중학교 2학년 박유미

여러 유명하고 성공한 사람들이 어렸을 때 책을 아주 많이 읽었다는 것과 책의 중요성에 대해 또다시 놀라지 않을 수 없었다. 〈디지몬 어드벤처〉를 기획한 일본의 원작자도 어렸을 때 읽은 《표류기》와 같은 여러 책들이 바탕이 되었다. 그리고 〈타이타닉〉을 기획한 제임스 카메론, 유명한 감독 스티븐 스필버그, 레니 할린은 책의 중요성을 거듭 강조하였다. 제이미 리 커티스는 독서는 모든 것의 시작이자 핵심이라 했으며 연기자들도 책을 많이 읽어야 하는 것은 마찬가지라고 했다.

정치 지도자인 앨 고어도 책의 힘에 대해 이야기했고 다른 사람의 책에 서문도 많이 쓴다고 했다. 우리 나라 컴퓨터 바이러스 전문가 안철수 씨도 책을 엄청나게 읽었다고 했다. 국가의 이익을 위해서도 도서관은 꼭 필요하다는 말이 참 깊게 느껴졌고 우리 나라도 하루 빨리 도서관과 책을 가까이하는 민족이 되었으면 참 좋겠다고 생각했다.

[자료6] 〈혁명 전야의 책〉 영상 자료

TV, 책을 말하다
혁명 전야의 책

● 책의 내용을 벗어나 책의 육체를 위해 제작된 '책에 관한 이야기'

● 무너져 버린 책의 개념
21세기, 인터넷이 컨텐츠를 수용하는 무한대의 공간으로 떠오르면서 내용을 벗어 던지고 반란을 일으키고 있는 책의 외모, 외형에 대한 이야기.

● 사슬에 묶인 책에서 전자책까지
중세 시대, 책은 도난 방지를 위해 사슬에 묶여 있었다. 지금, 넘쳐나는 책들은 헌책방이나 쓰레기장으로 향한다. 물질로서의 책의 과거와 현재를 통해 미래 책의 모습을 예견해 보는 시간.

● 초판 700권 시대, 화려한 옷으로 치장하는 책들의 생존을 위한 몸부림

● "사람은 책을 만들고, 책은 사람을 만든다"
그동안 '책이 사람을 만든다'라는, 내용에 무게를 두고 책의 중요성에 대해 이야기하는 것을 당연하게 여겨 왔다. 그러나 사람이 만들어 낸 책, 물질로서의 책, 그 자체가 없다면 책의 내용을 말할 수 없다. 최근 이처럼 책을 주인공으로 책 자체의 역사나 책과 얽힌 사람들의 이야기를 다룬 책들이 서점가에 쏟아지고 있다. 《서가에 꽂힌 책》(헨리 페트로스키 지음), 《아름다운 지상의 책 한 권》(이광주 지음)을 필두로 한 이 '책 이야기 책'들은 요즘 붐을 이루고 있는 미시사적 관점에서 쓰인 책들로, 독자들이 알기 쉽게 책의 역사를 이해하는 길을 제시한다. 문자의 출현에 맞춰 돌, 나무에 새긴 책 이전의 책에서 구텐베르크의 인쇄술 발명 이후, 지금과 같은 직사각형으로 된 근대적 책의 출현까지……. 책은 인간과 함께 살아 숨쉬며 모양과 소재를 달리한 채 끝없이 변화해 왔다.
그리고 21세기, 인터넷이 컨텐츠를 수용하는 무한대의 공간으로 자리 매김하면서 책이 담아내던 내용은 사이버 공간으로 자리를 옮겨 가고 있다. 때문에 컨텐츠만을 담기 위한, 앙상한 가지만 남은 형태의 전자책에서부터 그 어느 때보다 화려하게 치장한 다양한 소재와 모양의 책들이 쏟아져 나오고 있다. 또 책에 담긴 내용을 부정하고 책의 겉모양, 그 자체만으로 의미를 전달하겠다는 책까지 나오고 있다. 최근 시도되는 이러한 파격적이고 혁명적인 작업들은 급기야 '종이에 인쇄된 묶음'이라는 책의 외형에 대한 개념까지 뒤엎고 있다. 지금, 책이 일으키는 반란은 과연 무엇을 의미하는가. 그리고 폭풍과 같은 반란 이후, 책은 과연 또 어떤 모습으로 우리 앞에 나타날 것인가?

책 - 혁명을 일으키다
▶ **마음을 치료하는 도구로서의 책!**
날카로운 칼로 책의 테두리만 남기고 내용물을 도려낸다. 그리고 겉껍질만 남은 책 안에 자신이 증오하거나 잊고 싶은 기억들을 상징하는 물건을 넣고 봉해 버린다. 책을 찢고, 도려내 마음을 치료하는 현장.

▶ **책의 재질은 물론 텍스트까지 거부한다** - 도자기, 스테인리스 책
인쇄된 종이를 묶은 형태만이 책은 아니다. 도자기나 스테인리스로 된 책도 책이라는 이름을 걸고 제작되고 있

다. 보통 사람 키의 절반 가량에 이르는 대형 책들은 책이 담아내는 텍스트까지 거부한다. 책을 만났을 때, 책을 통해 반사되는 느낌을 전해 주는 거울로서의 역할을 할 뿐이다. 이른바 퍼포먼스형 책들로 인해 기존 책의 개념이 무너지고 있다. 책의 개념은 과연 어디까지 확장될 수 있을 것인가.

책 – 진화와 소멸의 역사
책이라는 물질은 문자의 출현과 더불어 세상에 태어났다. 중세 시대 수도원의 필경사들이 한 자 한 자씩 양피지에 써서 만든 책들은 값비싼 귀중품으로 도난 방지를 위해 사슬에 묶여 있었다. 그리고 구텐베르크의 인쇄술 발명으로 책은 대중화되고 사슬에서 풀려났으며 종교 개혁을 일으키는 원동력이 되어 주었다. 지금 책은 누구나 가질 수 있고, 한두 권 이상은 가지고 있는 물건으로, 이사철 가장 쉽게 버려지는 물건 목록 1호로까지 전락했다.

책 – 불로장생을 꿈꾸다
▶ 100년 지나도 끄떡없을 책을 엮는다 – 예술 제본, 장정
하나의 물질에 불과한 책은 시간의 흐름에 따라 찢어지고 부식되고 사라져 간다. 늙어 가는 책의 수명을 조금이라도 연장시키기 위해 책을 해체시키고 압축시킨 뒤 다시 탄탄한 가죽으로 엮어 내는 작업이 진행되고 있다.

▶ 숙청된 책들이 숨는 곳 – 헌책방
컨베이어 벨트 속에서 대량으로 쏟아져 나오는 책들, 그 가운데는 가정집 서가에 꽂혀 보지도 못하거나 아예 서점에 진열조차 안 되는 책들도 있다. 그리고 사람들에 의해 버려진 책들은 헌책방으로 숨어든다. 이 버려진 책들을 구원해 내기 위해 전국의 헌책방 지도가 제작되고 있다.

▶ 책은 인쇄를 통해 대량 생산된다는 고정관념을 깬다
– 아트북
작가의 손에 의해서만 만들어지는 책들, 제작되는 책 수는 오직 작가 마음에 달려 있다. 개수뿐 아니라 책을 즐기는 형식도 작가 마음대로다. 아트북 작가들의 책은 읽기보다는 만지고 놀기 위해 만들어진다.

책 – 자유를 향한 도전!
청재킷 속에 몸을 숨긴 책, 플라스틱 쿠션 속으로 들어간 책, 빨간 블라우스를 입은 책, 버스 바퀴 고무로 만들어진 책, 겉장을 아예 없앤 책, 동전보다 더 작은 책…….
지금, 책은 인터넷과의 싸움에서 살아남기 위해 스스로 새로운 패러다임을 구축하고 있다. 개념의 확장뿐 아니라 물질로서, 자신의 외형을 바꿔 가고 있다. 최근 500부 한정 제작된 이영도의 판타지 소설 《폴라리스 랩소디》는 고가임에도 불구하고 한 달 만에 매진되는 이변을 낳았다. 이처럼 자기만의 독특한 책에 대한 사람들의 수요는 점차 늘고 있다. 단순히 보기 위한 것이 아닌, 만지고 살피고 냄새 맡는, 오감을 동원해 느끼는 책들이 봇물처럼 쏟아져 나와 사람들을 유혹하고 있다. 초판 700권 시대, 화려한 겉옷으로 바꿔 입는 책의 변화는 호사스런 몸짓이 아니라, 어쩌면 생존을 위한 몸부림일지도 모른다.

※ KBS 영상사업단 비디오 안내 자료에서 간추렸습니다.

4차시 1학기 독서 계획 세우기

> **수업 목표**
>
> 수준과 적성을 고려하여 한 학기 동안 읽고 싶은 책을 고르고 목록을 만든다.

앞 수업에서 영상 자료를 통해 독서의 중요성이나 필요성에 대해 충분히 공감했다면, 이 시간에는 스스로 읽고 싶은 책 목록을 만들게 합니다. 도서관에서 수업하는 것이 좋은데, 직접 서가에서 책을 꺼내어 내용이나 분량 따위를 살피는 것이, 자기 수준에 맞는 책을 고르는 데 보탬이 되기 때문입니다.

이때 교사는 도서관에 있는 책이 일정한 규칙에 따라 꽂혀 있다는 것을 안내합니다. 십진 분류법을 설명하고, 목록을 만들 때 어느 한 분야에 치우치지 않게 이끕니다. 다양한 분야의 책을 고루 읽는 것이 지식의 편식을 막는다는 점도 일러 줍니다. 이 수업으로 아이들은 도서관에서 책을 찾는 방법을 알고 자신에게 맞는 책을 고르는 눈을 키울 수 있습니다.

> **수업 전개**
>
> ① 도서관 이용법과 십진 분류법에 대해 설명합니다.
> ② 수준과 적성을 생각하여 한 학기 동안 읽고 싶은 책 10권을 골라 적게 합니다.
> ③ 분야별로 다양하게 책을 고를 수 있게 도와줍니다.

●◆ **활용 자료**
· 도서관 이용 안내
 (【자료7】 참조)
· 독서 계획표
 (【자료9】 참조)

도서관 수업이라는 점을 알려 주어, 수업 시작 전에 아이들이 도서관에 와 있도록 합니다. 그래야 시간이 부족하지 않습니다. 미리 수업할 자료(도서관 이용 안내 자료)를 만들어 나눠 주는 것도 좋습니다.

한 학기 동안 최소한 10권을 읽어야 한다는 사실을 말하고, 십진 분류를 참고하여 분야별로 골라 적게 합니다. 시리즈는 1권으로 친다는 것도 미리 알려 주고, 좀더 자세하게 언제 읽을지, 주로 어디에서 읽을지도 정하여, 반드시 읽어야 한다는 생각을 갖게 합니다. 교사는 아이들이 책을 제대로 고르는지 살피고 조언해 줍니다.

책 목록을 만들고 나면 꼭 교사에게 보여 주도록 합니다. 교사는 이후 아이들이 계획대로 책을 모두 읽었는지 확인합니다.

최소한 10권은 읽어야 한다고 하면, 딱 10권만 읽고 그만두는 아이들도 있습니다. 책 읽는 습관을 들이기 위해 한 학기 동안 최소 10권을 읽는 게 바람직하며, 여기서 중요한 것은 읽은 양이 아님을 일러 줍니다.(아이들을 꾸준히 책으로 이끌면 한 학기에 100권 이상 책을 읽는 아이들도 있습니다.) 또 책도 편식하면 안 된다는 것을 강조합니다. 분야별로 다양한 책을 골라 읽는 것이 중요하니까요.

한 걸음 더!

- 여유가 있다면, 따로 한 시간을 내어 도서관 이용 수업(【자료8】 참조)을 하면서 아이들이 도서관을 자주 찾아가도록 이끕니다. 도서관 이용 수업을 한 번이라도 해 본 아이들은 어른이 되어서도 공공 도서관을 자연스럽게 이용할 수 있을 것입니다.
- 꾸준한 독서로 독서 능력이 이미 높은 수준에 있는 아이들에게는 진로나 꿈, 평소에 깊이 탐구해 보고 싶었던 주제를 정해, 그 분야 책들을 깊이 있게 읽을 수 있도록 독서 계획을 세우게 합니다. 중학교 3학년 아이들에게 한 학기 동안 관심 있는 분야의 문헌 자료나 인터넷 자료를 검색하여 탐구 활동 보고서를 내게 했더니, 좋은 결과물을 받아 볼 수 있었습니다. 물론 교사는 아이들마다 심화 활동 과정을 주의 깊게 관찰하고, 때에 따라 적절한 조언과 격려를 해 줍니다.

[자료7] 도서관 이용 안내

관악중학교 도서관 이용 안내

1. **이용 시간** : 아침 8시 30분~오후 4시 30분

2. **대출 도서와 기간**
   · 일주일에 2권

3. **연체 시, 연체 일만큼 대출을 할 수 없으니 꼭 기한 내에 반납해 주시기 바랍니다. 직접 대출대에 반납하거나 도서관 앞에 설치된 도서 반납함을 이용하면 됩니다.**

4. **도서의 분실, 훼손 시는 같은 책을 구해 오거나 책값을 변상해야 합니다.**

5. **도서관에서 지켜야 할 사항**
   ① 도서관에서는 뛰어다니거나 이유 없이 돌아다니지 말아야 합니다.
   ② 도서관 시설과 자료를 소중히 다루어야 하며, 훼손하거나 낙서하면 안 됩니다.
   ③ 도서관 안에서는 항시 정숙해야 하며 잡담을 하거나 장난치지 말아야 합니다.
   ④ 휴지나 오물 같은 쓰레기는 휴지통에 버려야 합니다.
   ⑤ 도서관에서 책을 읽을 때는 열람 확인을, 빌려 가서 책을 읽을 때는 대출 확인을 한 뒤, 서고에서 책을 가지고 나가야 합니다.
   ⑥ 책을 대출할 때는 선생님이나 도서부원에게 대출 카드를 제출하고, 전산 처리 후 대출합니다.
   ⑦ 음식물을 가지고 들어오면 안 됩니다.
   ⑧ 의자를 꼭 넣고 가세요.
   ⑨ 인터넷 검색은 필요할 때만 이용하여(10분 이내) 다른 사람들도 이용할 수 있게 합시다.

6. **도서 대출 순서**
   · 읽고자 하는 책을 고른 뒤(십진 분류 참고) → 도서 대출 카드와 책을 교사나 도서부원에게 제출 → 교사가 바코드 리더기 입력 → 책을 가지고 가면 됩니다.

◆ 십진 분류표

000(총류)	도서관학, 백과사전, 수필집, 강연집, 일반학회
100(철학)	논리학, 심리학, 철학, 경학, 서양철학, 윤리학, 도덕철학
200(종교)	불교, 기독교, 천도교, 기타 종교
300(사회과학)	통일, 교육, 전설, 법학, 정치학, 경제학, 행정학, 민속학
400(순수과학)	과학, 자연, 수학, 천문학, 동·식물학, 생명과학
500(기술과학)	의학, 농학, 건축, 기계, 전기
600(예술)	음악, 미술, 연극, 사진, 운동
700(어학)	한국어, 중국어, 일본어, 영어, 문법, 회화, 기타 언어
800(문학)	소설, 수필, 시
900(역사)	위인전, 탐험기, 지리, 역사

7. 도서관 행사 안내

① 달마다 도서관 소식지 발행 : 독서 기록장에 붙여 주세요.
② 달마다 우수 독서왕, 독서반 시상 : 달마다 책을 가장 많이 대출해서 읽은 학생을 독서왕으로 시상하고 가장 많은 책을 대출해서 읽은 학급도 시상합니다.
③ 달마다 우수 독후감 시상 : 도서관 홈페이지 독후 활동란에 올라온 독후감이나 직접 써서 교사에게 제출한 독후감을 심사하여 달마다 우수 독후감 상을 시상합니다.
※ **도서관 홈페이지**를 이용하면 도서관에 있는 책 목록과 새 책을 확인할 수도 있습니다. 이미 대출된 책도 예약할 수 있으니 많이 이용해 주세요. 학교 홈페이지에 접속하면 도서관 홈페이지로 링크되어 있습니다.
④ 책 속 보물찾기 행사 – 4월, 6월, 11월 연중 3차례 진행
⑤ 독후 활동 공모전(책갈피, 표어, 장면화, 독서신문, 패러디 작품, 독후감 등)
⑥ 도서반 모꼬지
⑦ 교사·학부모를 위한 독서 강좌 – 9월
⑧ 국어 경시대회와 결합한 독서 토론대회 – 6월
⑨ 독서 활동 발표대회 – 9월에 독서 활동 결과물 발표대회를 엽니다.
⑩ 대출자 행운권 대잔치 – 10월
⑪ 독서 퀴즈대회 – 11월
⑫ 문학 기행 – 겨울 방학 중 진행, 대상 : 도서반 학생, 독서 활동 우수자

【자료8】 도서관 이용 수업

오늘은 우리 학교 도서관에서
책과 함께하는 행복한 시간을 가져 봅시다

책을 본 뒤에는 반드시 제자리에 꽂아 놓읍시다.

학년   반   번 이름:

1. 우리 학교 도서관 이용에 관한 질문입니다. 맞으면 O표, 틀리면 ×표 하세요.
   · 학생은 2권까지 책을 빌릴 수 있다. ( )
   · 책을 반납할 때는 학생증을 제시하지 않아도 된다. ( )
   · 학생의 도서 대출 기한은 10일이다. ( )
   · 책을 다 읽지 못해 대출 기한을 연장하고 싶을 경우, 대출 기한 내에 도서관에 오면 다시 대출 받을 수 있다. ( )
   · 대출 기한을 어기면 연체료를 내야 한다. ( )

2. 우리 학교 도서관은 '한국 십진 분류표(000~900)'에 따라 도서를 분류해 놓았습니다. 다음 분야의 책들은 몇 번 대에 분류되어 있을까요? 맞는 것끼리 연결하세요. 읽어 보지 않아 잘 모르는 책은 서가에서 찾아 답해 봅시다.

   · 기형도 전집   · 000
   · 우리말의 수수께끼   · 100
   · 여간내기의 영화 교실   · 200
   · 21세기 문화 키워드 100   · 300
   · 우리 통일 어떻게 할까요   · 400
   · 돼지가 철학에 빠진 날   · 500
   · 5교시 국사 시간   · 600
   · 건축, 음악처럼 듣고 미술처럼 보다   · 700
   · 세계 종교 둘러보기   · 800
   · 페르마의 마지막 정리   · 900

3. 여러분들이 책과 얼마나 친한지 알아볼까요?
   · 지난 한 해 동안 참고서 외에 자신이 읽기 위해 책을 사 본 적이 있나요? 있다면 무슨 책이었나요?

   · 책대여점 이용권 또는 공공 도서관 대출증을 가지고 있나요?

   · 친구에게 책을 선물해 본 적이 있나요? 있다면 무슨 책이었나요?

   · 대형 서점에 가 본 적이 있나요? 있다면 자세히 적어 주세요.

   · 지금까지 읽은 책 가운데 친구에게 권할 만한 책이 있나요? 무슨 책인가요?

   · 오늘은 도서관에서 어떤 책을 빌려 보고 싶나요? 그 이유는?

4. 학교 도서관에 바라는 점이나 건의하고 싶은 내용이 있다면 적어 보세요.

5. 다음은 우리 학교 도서관에 있는 책에 관한 질문입니다.
   (1) 소설가 박경리, 김소월, 장 자끄 상뻬의 작품 제목을 있는 대로 찾아 적어 보세요.
      ① 박경리 :

      ② 김소월 :

      ③ 장 자끄 상뻬 :

   (2) 유홍준의 《완당평전》에서 '완당'은 누구를 이르는 것인가요?

   (3) 고우영의 《만화 십팔사략》에서 '항우와 유방' 이야기는 몇 권에 나오나요?

   (4) 고은이 쓴 시집을 아는 대로 찾아 적어 보세요.

   (5) 《오래된 미래》는 어느 지역 사람들의 삶을 보고 쓴 책인가요?

   (6) 다음 중 《한국 철학 에세이》에서 다루지 않은 학자는 누구인가요?
      ① 이언적   ② 정약용   ③ 홍대용   ④ 박지원   ⑤ 이황

   (7) 원폭 피해자인 나카자와 케이지가 반전, 반핵, 평화를 주제로 그린 만화는 무엇인가요?

   (8) 김훈의 소설 《칼의 노래》는 누구의 삶을 소설화한 것인가요?

   (9) 소설 《광장》은 누가 쓴 책인가요?

[자료9] 독서 계획표

1학기 독서 계획표

우리는 건강을 위해 밥을 먹습니다. 제때 제대로 된 식사를 하지 않은 사람은 건강하게 자라기 힘듭니다. '독서는 마음의 양식'이라는 말이 있습니다. 우리 신체의 양식이 밥이라면, 우리 정신의 양식은 독서라는 말이겠지요. 제때 제대로 된 책을 읽지 않은 사람은 정신이 건강해지기 어렵습니다. 자기에게 맞는 좋은 책을 읽어 몸도 마음도 튼튼한 사람이 됩시다.

1. 4~7월까지 읽고 싶은 책 10종 이상 정하기

번호	분야	책 이름	지은이	읽을 날	비고
1					000~300 가운데
2					400~600 가운데
3					700~800 가운데
4					900 가운데
5					
6					
7					
8					
9					
10					
11					
12					
13					

2. 독서 시간 정하기
1) 언제 읽을까?(하루 중 읽을 시간)
2) 어디서 읽을까?(주로 읽을 장소)

〈참고〉 ★ 시리즈는 1종 00권으로 합니다. 예 《삼국지》 1~10권까지 읽는다면 1종 10권.
★ 자세한 계획을 세운 뒤 꼭 확인 받습니다.

5·6차시 자유로이 책 읽기

> **수업 목표**
>
> 좋아하는 책을 골라 읽으며 독서의 세계로 들어간다.

이 수업도 도서관에서 하는 것이 좋습니다. 앞 시간에 독서 계획을 짜면서 고른 책이나 재미있겠다고 생각하는 책을 고르게 합니다. 교사가 아이들의 독서 수준이나 성향을 파악하고 있다면, 직접 책을 추천해 주어도 좋습니다. 평소에 책을 잘 안 읽는 아이들에게는 너무 어렵거나 두꺼운 책보다는 쉽고 재미있는 책을 권해 주고, 깊이 있는 독서를 하고 있는 아이라면 관심 있는 주제나 영역을 물은 뒤, 그 분야의 책을 추천해 줍니다.

이 수업은 책 읽기에 대한 부담을 없애고, 읽는 재미를 느낄 수 있게 이끄는 수업이므로, 자유로운 분위기에서 책을 읽게 합니다.

> **수업 전개**

① 아이들에게 읽고 싶은 책을 서가에서 찾아 읽게 합니다.
② 책을 정하지 못하는 아이들에게는 교사가 아이의 수준과 흥미를 고려하여 책을 골라 줍니다.
③ 교사는 떠들거나 딴 짓 하는 아이에게는 주의를 주어, 조용한 분위기를 만들어 줍니다.

➡ 활용 자료
수준별 중학생 권장도서 목록
(【자료10】참조)

도서관에서 수업할 때는 아이들에게 미리 알려 주어 제 시간에 수업이 이루어질 수 있게 합니다. 지난 시간에 만든 독서 계획표를 가져오게 합니다.

수업이 시작되면 독서 계획에 따라 2시간 동안 자유롭게 책을 읽습니다. 어떤 책을 읽을지 몰라 망설이는 아이가 있다면 교사가 독서 계획표를 보고 부담 없이 읽을 수 있는 책부터 소개해 줍니다. 아이들에게 자유롭게 서가에서 책을 찾아 읽으라고 하면, 많은 아이들이 만화로 된 책을 고릅니다. 이때 교사는 아이들 사이를 돌며 적절하게 안내합니다.

책 고르기가 끝나면, 교사는 아이들을 본격적인 독서의 세계로 끌어들이는 첫 발자국에 정성을 기울여야 합니다. 자유롭게 책을 읽으라고 말만 하고 방임하면, 산만한 분위기가 되기 쉬워 2시간 수업이 무의미하게 흐를 수도 있습니다. 조용히 책을 읽을 수 있게 분위기를 만들어 주면, 책 넘기는 소리가 가득한 도서관에서 아이들은 자연스럽게 책 속으로 빨려 들어가는 소중한 경험을 하게 됩니다. 그러면서 책 읽는 재미에 맛을 들이게 되지요.
수업이 끝나면 읽은 책을 제자리에 꽂도록 합니다.

한 걸음 더!

독서에 대한 관심을 높이고 능력을 키우는 데 교사의 지도는 큰 보탬이 됩니다. 그래서 교사는 학생 개개인의 성격이나 흥미, 독서 수준을 고려하여 책을 안내해 줄 필요가 있습니다. 예를 들어 열등감에 시달리거나 내성적인 아이에게는 《얼굴 빨개지는 아이》를, 한부모 가정에서 갈등을 겪고 있는 아이에게는 《너도 하늘말나리야》를, 혈기가 넘쳐 청소년기를 반항적으로 보내고 있는 아이에게는 《불량소년의 꿈》을, 인권 문제에 관심 있는 아이에게는 《십시일반》과 같은 책부터 읽게 하면 좋습니다. 권장도서 목록을 참조하여 책을 추천해 주는 것도 효과적입니다.

[자료10] 수준별 중학생 권장도서 목록(전국학교도서관담당교사모임(서울지역모임))

수준별 중학생 권장도서 100선

2003. 1 현재

번호	책 이름	지은이	출판사	수준
1	만화로 떠나는 21세기 미래 여행	이원복	김영사	★
2	세상 모든 음악가의 음악 이야기	유미선	소담출판사	★
3	짱뚱이 시리즈 1~4	신영식, 오진희	파랑새어린이	★
4	하늘로 날아간 집오리	이상권	창비	★
5	행복한 청소부	모니카 페트	풀빛 그림아이	★
6	검은 여우	베치 바이어스	사계절	★★
7	괭이부리말 아이들	김중미	창비	★★
8	국어시간에 시읽기	전국국어교사모임	나라말	★★
9	그리운 매화향기	장주식	한겨레신문사	★★
10	나무를 심은 사람	장 지오노	두레	★★
11	내 마음의 눈 쿠이루	이시구로 켄고	대산미디어	★★
12	너도 하늘말나리야	이금이	푸른책들	★★
13	로빈슨 크루소 따라잡기	박경수	뜨인돌	★★
14	마당을 나온 암탉	황선미	사계절	★★
15	머릿속을 헤엄치는 생각물고기 / 머릿속을 헤엄치는 지혜물고기	최은규	꿈소담이	★★
16	몽실 언니	권정생	창비	★★
17	문수의 비밀	배선자	채우리	★★
18	문제아	박기범	창비	★★
19	백범 김구	신경림	창비	★★
20	봄바람	박상률	사계절	★★
21	사금파리 한 조각	린다 수 박	서울문화사	★★
22	세상을 뒤흔든 여성들	미셸 롬	푸른나무	★★
23	손도끼	게리 폴슨	사계절	★★
24	어린이를 위한 주강현의 우리문화 1·2	주강현	아이세움	★★
25	어린이 이슬람 바로알기	이희수	청솔출판	★★
26	얼굴 빨개지는 아이	장 자끄 상뻬	열린책들	★★
27	연탄길	이철환	삼진기획	★★
28	옛날 사람들은 어떻게 살았을까	조은수	창비	★★
29	우리 누나	오카 슈조	웅진닷컴	★★
30	청년노동자 전태일	위기철	사계절	★★
31	최열아저씨의 지구촌 환경이야기 1·2	최열	청년사	★★
32	희망의 섬 78번지	우리 오를레브	비룡소	★★
33	가시고기	조창인	밝은 세상	★★★
34	갈매기의 꿈	리처드 버크	문예출판사	★★★
35	뤽스 극장의 연인	자닌 테송	비룡소	★★★

번호	책 이름	지은이	출판사	수준
36	자전거 도둑	박완서	다림	★★★
37	개미 1~5	베르나르 베르베르	열린책들	★★★
38	꽃들에게 희망을	트리나 포올러스	시공주니어	★★★
39	국어시간에 수필읽기	전국국어교사모임	나라말	★★★
40	나는 선생님이 좋아요	하이타니 겐지로	양철북	★★★
41	나도 멋진 프로가 될 거야 1~12	린드시 리브즈	을파소	★★★
42	내 여자친구 이야기 / 내 남자친구 이야기	크리스티앙 그르니에	사계절	★★★
43	난 두렵지 않아요	프란체스코 다다모	중앙 M&B	★★★
44	돼지가 한 마리도 죽지 않던 날	로버트 뉴턴 펙	사계절	★★★
45	맨발의 겐 1~10	나카자와 케이지	아름드리	★★★
46	모랫말 아이들	황석영	문학동네	★★★
47	모모	미하엘 엔데	비룡소	★★★
48	빨간 기와 1·2	차오원쉬엔	새움	★★★
49	사람들이 미쳤다고 말한 외로운 수학 천재 이야기	독시아디스	생각의나무	★★★
50	사람은 무엇으로 사는가	톨스토이	소담	★★★
51	산비둘기	래리 바크들	대산	★★★
52	삽 한 자루 달랑 들고	장진영	내일을여는책	★★★
53	상처 입은 세기의 거장 윤이상	최지숙	교학사	★★★
54	손가락에 잘못 떨어진 먹물 한 방울	조현설	나라말	★★★
55	손도끼	게리 폴슨	사계절	★★★
56	선생님의 밥그릇	이청준	다림	★★★
57	수학 귀신	엔젠스베르거	비룡소	★★★
58	아름답고 슬픈 야생 동물 이야기	시튼	푸른숲	★★★
59	아홉 살 인생	위기철	청년사	★★★
60	어린 왕자	생텍쥐베리	소담	★★★
61	어머니는 나에게 하고 싶은 일을 하라고 하셨다	데츠카 오사무	누림	★★★
62	우리가 정말 알아야 할 옛이야기 100가지	서정오	현암사	★★★
63	제인구달	제인 구달	사이언스북스	★★★
64	창가의 토토	구로야나기 데츠코	프로메테우스	★★★
65	천둥치는 밤	미셸 르미유	비룡소	★★★
66	펠릭스는 돈을 사랑해	니콜라우스 피퍼	비룡소	★★★
67	해피버스데이	아오키 가즈오	문학세계사	★★★
68	황소의 혼을 사로잡은 이중섭	최석태	아이세움	★★★
69	흑설공주 이야기	바바라 G. 워커	뜨인돌	★★★
70	나를 있게 한 모든 것들	베티 스미스	아름드리	★★★★

번호	책 이름	지은이	출판사	수준
71	내 영혼이 따뜻했던 날들	포리스트 카터	아름드리	★★★★
72	네모의 책	니콜 바샤랑	사계절	★★★★
73	돼지가 철학에 빠진 날	스티븐 로	김영사	★★★★
74	물리학자는 영화에서 과학을 본다	정재승	동아시아	★★★★
75	바람의 딸 걸어서 지구 세 바퀴반	한비야	금토	★★★★
76	사랑사랑 내 사랑아	조현설	나라말	★★★★
77	살아있는 한국사 교과서 1·2	전국역사교사모임	휴머니스트	★★★★
78	세상의 절반, 여성 이야기	우리교육출판부	우리교육	★★★★
79	수레바퀴 아래서	헤르만 헤세	소담	★★★★
80	시가 내게로 왔다	김용택	마음산책	★★★★
81	오주석의 한국의 미 특강	오주석	역사넷	★★★★
82	우리 소리 우습게 보지 말라	김준호·손심심	이론과실천	★★★★
83	웬디수녀의 유럽 미술 산책	웬디 베케트	예담	★★★★
84	이윤기의 그리스 로마 신화 1·2	이윤기	웅진닷컴	★★★★
85	잘 먹고 잘 사는 법	박정훈	김영사	★★★★
86	정민 선생님이 들려주는 한시 이야기	정민	보림	★★★★
87	제인 에어 (상) (하)	샬럿 브론테	범우사	★★★★
88	참 소중한 생명 (참 시리즈)	허후아이훙	아이필드	★★★★
89	처절한 정원	미셸 깽	문학세계사	★★★★
90	팔레스타인	조 사코	글논그림밭	★★★★★
91	거꾸로 읽는 세계사	유시민	푸른나무	★★★★★
92	그 곳에선 나 혼자만 이상한 사람이었다	말로 모간	정신세계사	★★★★★
93	DMZ	박상연	민음사	★★★★★
94	백경	허먼 멜빌	교학사	★★★★★
95	사람 사이에 삶의 길이 있고/조금만 눈을 들면 넓은 세상이 보인다	강혜원 엮음	사계절	★★★★★
96	쎄느강은 좌우를 나누고 한강은 남북을 가른다	홍세화	한겨레신문사	★★★★★
97	앵무새 죽이기	하퍼 리	문예출판사	★★★★★
98	영어를 공용어로 하자는 망상	조동일	나남	★★★★★
99	외딴 방	신경숙	문학동네	★★★★★
100	지상에 숟가락 하나	현기영	실천문학사	★★★★★

〈수준 표시〉

★ : 초등학교 고학년 수준
★★ : 중학교 1학년 수준
★★★ : 중학교 2학년 수준
★★★★ : 중학교 3학년 수준
★★★★★ : 생각이 깊고, 책 읽기를 매우 좋아하는 중학생 이상 수준

7차시 가벼운 독후 활동

수업 목표

앞 시간에 읽은 책에 대한 느낌과 감상을 다양한 형식으로 표현한다.

앞 시간에 읽은 책으로 가벼운 독후 활동을 합니다. 그러나 아이들에게 지나치게 독후 활동을 강조하면, 부담을 주기 때문에 오히려 책에서 멀어지게 할 수 있습니다. 특히 독후감 쓰기에 거부감을 느끼는 경우가 많은데, '주인공에게 편지 쓰기'나 '인상 깊은 장면 그리기', '줄거리 만화로 구성하기', '인물 캐릭터 그리기'처럼 재미있고도 가벼운 독후 활동을 안내하고, 자유롭게 자신에게 맞는 것을 골라 할 수 있게 하는 것이 바람직합니다.

수업 전개

① 다양한 독후 활동을 소개하고, 자기에게 알맞은 독후 활동을 골라 하게 합니다.
② 독후 활동을 마친 뒤, 친구들과 돌려보며 서로 평가합니다.

앞 시간에 읽은 책으로 독후 활동을 진행합니다. 인물 성격이 두드러진 책을 읽었다면 등장 인물에게 편지를 써도 좋고, 어떤 장면에서 깊은 인상을 받았다면 그 장면을 그림으로 나타내도 좋습니다. 만화를 좋아한다면 읽은 내용을 만화로 구성하거나 인물 캐릭터를 그리는 등 다양하게 독후 활동을 합니다. 활동이 끝나면 서로 돌려 읽고 자유롭게 이야기를 나눕니다.

[자료11] 주인공 자리에서 독자에게 쓴 편지

《마당을 나온 암탉》을 읽고 '잎싹' 자리에서 편지 쓰기

갈뫼중학교 1학년 김송요

사람이라면, 아니 이 세상에 태어난 어떤 생명이라도 꿈을 가지고 그걸 이루는 걸 목표로 삼고 살아가지. 그 꿈이 아무리 이루기 어려워 보일지라도 말야. 꿈을 향해 꾸준히 노력한다면 문득 앞을 쳐다본 순간 그 꿈에 성큼 다가가서 문을 두드리고 있는 모습을 넌 보게 될 거야.

안녕? 난 이 책의 주인공 — 이라니 조금은 쑥스럽지만 — 으로 나온 '잎싹'이야. 내가 생각하기에도 난 참 가능성 없는 꿈을 꾸고 있었지. 양계장에서 평생 알만 낳다가 죽을 운명인데 '감히' 마당으로 나와 알을 품고 까서 어미가 될 거라는 생각을 하다니!

그렇지만 아무리 부질없는 짓이라고 말해도 난 차마 그 즐거운 상상을 머릿속에서 지워 버릴 수 없었어. 편안한 삶을 포기하고 내 꿈을 위해 살얼음판 같은 삭막한 땅에 조심스레 발을 내려놓았지. 아무리 힘들고 어려운 일이 닥쳐와도 난 참아 냈어. 그리고 결국에는 비록 내가 낳은 알은 아니지만, 내 새끼를 키우게 되었어.

'포기하고 싶다'는 생각을 무심코 하다가 화들짝 놀랄 때도 있었어. 왜 양계장 그 수많은 닭들 가운데 나만 별나게 이런 꿈을 꾸게 된 건지 후회스럽기도 했고.

생각했어. 바라기만 하고 직접 행동하여 실천해 가지 않는다면 내 가까이 헤엄쳐 가는 여린 송사리든, 험한 길을 헤엄쳐 가야 간신히 발견할 수 있는 묵직한 월척이든 절대 낚을 수 없을 거란 걸. 넌 족제비에게 잡아먹혀 마감했던 내 죽음을 비참하다고 여기고 있을지 모르겠지만, 난 내가 바라던 씩씩하고 당당한 삶을 내 나름대로 멋지게 마무리한 거야. 이런 내 삶이 헛되었다고 말할 수 있니? 나는 '마당을 나온 암탉'이 된 나 스스로를 아름다웠다고 생각해.

너도 그동안 거창한 계획을 열거해 놓고는 그 실천에 있어서는 너무도 소극적이었다고 느낀다면 이제부터라도 달라져 보는 거야. 사랑했던 나의 아이 초록머리도, 소중했던 친구 나그네도, 평온하기 그지없었던 마당도, 넉넉한 식사와 포근한 잠자리도 늙어 볼품없어진 나에겐 존재하지 않았어. 그렇지만 가장 중요한 두 가지를 얻을 수 있었지. 무한한 자유와 꿈의 실현 말이야. 어미의 마음이라는 것도 알았고, 하늘을 나는 짜릿한 기분도 느꼈어. 내 편지를 읽고 있는 너에게도 아마 수줍은 꿈이 있겠지. 쉬울 거라고 자만하지 말고 힘들 거라고 무너지지도 마. 너를 위해서, 멋지게 행진하는 거야. 안녕.

[자료12] 장면화 그리기

〈이름 없는 효부〉 김은희 관악중·2

〈반지의 제왕〉 김도근 관악중·3

〈아낌없이 주는 나무〉 강현준 관악중·2

《B사감과 러브레터》 신정민 중대부중 · 3

【자료13】 책 표지 꾸미기

김다은 중대부중·3

김민애 관악중·2

신나은 중대부중·2

허주경 중대부중·2

〈호박 속에는 뭐가 들어 있을까〉 신현 신관중 · 3

책 속에서 걸음마를 배우자

책으로 가는 길은
옛 애인을 만나러 가는 것보다 흥분된다

대리석으로 깔린 강남의 거리를 지나
자꾸만 달라붙는 흙탕길을 벗어나
빨간 지붕
하얀 벽돌집과
화려한 치장을 한 교회도 만나고
우리들의 초상이 어울리는 판잣집도 지나간다

거리에서 친구들과 이야기를 나누는 즐거움과
혼자 기도하는 고독함을 지나
나만의 여행기를 쓰고
나만의 시를 짓고
나만의 작은 책갈피도 만들어 보자
그래서 한 걸음 한 걸음씩 나아가 보자

2단계 중심 생각 끌어내기

8차시 _ 단편 소설 내용 요약하기
9차시 _ 모둠별 모범 줄거리 쓰기(1)
10차시 _ 10줄 감상 덧붙이기
11차시 _ 모둠별 모범 줄거리 쓰기(2)
12차시 _ 장면화 그리기(1)
13차시 _ 장면화 그리기(2)
14차시 _ 책갈피 만들기

단편 소설 내용 요약하기

수업 목표

짜임새 있는 단편 소설을 읽고 줄거리를 쓴다.

1단계 수업에서는 독서의 중요성을 깨닫게 하는 데 주안점을 두었습니다. 1단계가 독서 동기를 끌어내는 것이 목적이었다면, 2단계는 읽은 내용을 요약하여 표현하는 능력을 키우는 것이 목적입니다.

이 수업은 간단한 단편 소설(20여 분 소요)을 읽고 혼자서 줄거리를 써 보는 시간입니다. 책을 잘 읽는다는 것은 내용을 꼼꼼하게 살피는 데에서 출발합니다. 그 다음 읽은 내용을 떠올려 핵심 사건을 찾고 줄거리를 씁니다. 이런 작업이 쉬워 보이지만, 의외로 많은 아이들이 내용을 요약하는 데 막막해합니다. 이는 그동안 아이들이 주제를 찾거나 줄거리를 쓸 때 자기 힘으로 하기보다는 남의 것을 베끼는 데 익숙한 데다, 교사도 자세히 가르친 적이 별로 없었던 탓일 것입니다. 이러한 문제점을 극복하기 위해 내용을 파악하고, 핵심을 이해하기 위한 첫 과정으로 꼼꼼한 줄거리 쓰기부터 시작합니다.

수업 전개

① 모둠 인원이 함께 읽을 수 있도록 책을 충분히 준비합니다.
② 책을 선택하기 전에 간단하게 책 소개를 합니다.
③ 모둠별로 의논하여 책을 선택한 뒤, 중심 사건을 헤아리며 책을 읽습니다.
④ 저마다 읽은 책의 줄거리를 씁니다.

줄거리를 쓰는 첫 시간이므로 교사의 세심한 배려가 필요합니다. 책을 정할 때에는 아이들 수준에 맞추고, 어렵고 따분한 책보다는 20분 정도면 읽을 수 있는 간단한 단편 소설이나 그림이 많은 동화책을 택하는 것이 좋습니다. 아이들마다 수준 차이가 크기 때문에 한두 권은 약간 어려운 것으로 골라도 괜찮습니다. 이렇게 고른 책을 아이들에게 소개하고, 모둠별로 같은 책을 택해 읽도록 분위기를 만들어 줍니다.

줄거리를 쓸 때에는 먼저 읽은 작품에서 가장 중요한 사건을 고르게 합니다. 그리고 그 사건이 언제, 어디서, 누구에 의해 일어났는지, 사건의 전개와 결말이 어떠한지 살펴보게 합니다. 이렇게 육하원칙을 적용하여 내용을 요약하게 하면, 읽고 쓰는 데 능숙하지 않은 아이들이 구체적인 줄거리를 머릿속에서 다듬고 쓰는 데 보탬이 됩니다.

> **● 활용 자료**
> · **얼굴 빨개지는 아이** 장 자끄 상뻬 글·그림, 김호영 옮김, 열린책들, 1999
> · **행복한 청소부** 모니카 페트 글·안토니 보라틴스키 그림, 김경연 옮김, 풀빛, 2000
> · **우리 형** 국어시간에 소설 읽기2, 임영윤 글, 전국국어교사모임 엮음, 나라말, 2001
> · **내 짝꿍 최영대** 채인선 글·정순희 그림, 재미마주, 1997
> · **꽃들에게 희망을** 트리나 포올러스 지음, 김명우 옮김, 소담출판사, 1991
> · **어머니의 용맹스러운 기사** 국어시간에 소설 읽기2, 위기철 글, 전국국어교사모임 엮음, 나라말, 2001
> · **소나기** 황순원 글, 강우현 그림, 다림, 1999

대개 아이들은 집중만 하면 한 시간 내에 이 활동을 마치지만, 시간이 넉넉하지는 않습니다. 정해진 시간 내에 줄거리 쓰기를 끝내지 못한 아이가 있으면 따로 남겨서라도 다 쓰게 합니다. 그렇지 않으면 스스로 쓰려는 노력을 포기해 버리기 쉬우니까요.

한 걸음 더!

- 아이들은 교과서에 실린 작품에는 별 매력을 느끼지 않습니다. 그래서 교과서에 있는 작품보다 교과서 밖의 작품으로 진행하는 것이 좋습니다. 책에 흥미를 갖게 하는 것도 중요하니까요.
- 모든 아이들에게 같은 책을 읽게 하는 것보다 나중에라도 스스로 다른 책을 찾아 읽을 수 있게 여러 책들을 소개해 줍니다.

[자료14] 아이들이 쓴 줄거리

〈소나기〉를 읽고

중대부속중학교 1학년 윤혜림

1. 제목 : 소나기

2. 지은이 : 황순원

3. 줄거리 요약하기

1) 시골로 이사를 온 윤 초시네 증손녀딸인 소녀는 매일 소년이 학교에서 돌아오는 길에 개울가에서 물장난을 하곤 했다.
2) 어느 날도 어김없이 소녀가 물장난을 하다 소년에게 조약돌을 던졌고, 소녀가 개울가에 안 나오는 날이 계속될수록 소년은 그 조약돌을 주무르는 버릇이 생겼다.
3) 토요일이 되어 오랜만에 개울로 나온 소녀와 함께 소년은 산 너머로 가게 되어 새끼줄도 흔들고 꽃도 꽂으며 즐겁게 놀았다.
4) 갑자기 내리는 소나기에 소년과 소녀는 원두막 안에서도 비를 피할 수 없자, 수숫단 안에서 비를 피하게 되었다.
5) 비가 그치고, 소녀는 소년 등에 업혀 왔고, 그 후론 소녀가 보이지 않다가 그동안 앓은 소녀가 소년에게 붉게 물든 옷자락을 보여 주고 집을 내주게 되었다는 것을 알았다.
6) 소녀의 제사상에 줄 닭을 잡던 아버지가 소녀의 집에 다녀와 소녀가 앓다가 죽었다는 소식을 전한다. 소녀는 그 옷을 그대로 입고 죽게 해 달라고 했다고 한다.

《행복한 청소부》를 읽고

신관중학교 1학년 김영실

독일에 거리 표지판을 닦는 청소부 아저씨가 있었다. 아저씨는 아침 7시면 일을 하러 집을 나서 표지판 청소국에 갔다. 청소 도구를 챙기고 자전거 보관실에서 자전거를 타고 청소국을 나섰다.

청소부 아저씨는 몇 년 전부터 작가와 음악가 거리의 표지판을 닦고 있었다. 표지판은 닦아 놓으면 또 더러워졌지만, 아저씨는 그런 일에 기죽지 않았다. 아저씨가 닦아 놓은 표지판은 깨끗할 뿐 아니라 새것 같았다. 아저씨는 행복했고 자신의 직업을 사랑했다.

그러던 어느 날 한 엄마와 아이가 옆에 서서 말했다. 아이는 아저씨가 막 닦아 놓은 표지판을 보고 글씨가 지워졌다고 말했다. 엄마는 원래 저 글씨가 맞는 거라고 이야기하였다.

아저씨는 문득 지금까지 유명한 사람들의 이름을 코앞에 두고도 그들에 대해 아무것도 몰랐다는 것을 깨달았다. 그래서 아저씨는 음악가부터 알아보기로 하고 집으로 돌아와 종이에 음악가들의 이름을 써서 벽에 붙이고 음악회와 오페라 공연을 보러 다니며 음악가에 대해 공부했다. 다음은 작가들의 이름을 써서 벽에 붙이고 작가들이 쓴 책을 빌려다 읽었다. 무슨 뜻인지 이해가 안 되는 부분이 있을 때는 이해가 될 때까지 읽었다.

작가들과 음악가들에 대해 알게 되었을 때는 시를 읊조리고 가곡을 부르고 읽은 소설을 이야기하며 표지판을 닦았다. 지나가던 사람들이 그것을 듣고 걸음을 멈추었다. 아저씨가 고정관념을 깬 것이다. 시간이 흘러 아저씨는 나이를 꽤 먹었다. 지금도 여전히 표지판을 돌보고 보살폈다. 그러던 어느 날 한 가족이 아저씨가 일하는 사다리 옆에 서서 열심히 아저씨 이야기를 들었다. 그 후부터 아저씨가 일하는 곳에는 아저씨의 이야기를 들으려는 사람들로 넘쳤다. 아저씨는 일을 하면서 사람들에게 들려주었다. 아저씨는 유명해졌다. 대학에서 강연을 해 달라는 부탁이 왔지만 거절했다. 강연을 하는 것은 오로지 아저씨의 즐거움을 위해서였기 때문이다. 그리고 아저씨는 지금까지 그랬듯이 표지판 청소부로 남았다.

모둠별 모범 줄거리 쓰기(1)

수업 목표

같은 책을 읽은 모둠원끼리 토론하여 모범 줄거리를 쓴다.

앞 시간에 책을 읽고 쓴 줄거리를 바탕으로 모둠에서 토론하는 활동입니다. 모둠원과 함께 토론하면서 줄거리를 쓰다 보면, 아이들은 자신이 잘못 생각한 부분을 수정할 수도 있고, 세부적인 부분을 떨어내고 중심을 파악해 가는 값진 경험을 할 수 있습니다.
교사는 열심히 하는 모둠을 칭찬하여 토론이 즐겁게 이루어질 수 있도록 격려하는 것도 잊지 말아야 합니다.

수업 전개

① 모둠별로 앉아 앞 시간에 저마다 쓴 줄거리를 모둠원과 함께 돌려읽거나 돌아가며 발표합니다.
② 모둠별로 토론하며 모범 줄거리를 씁니다.
③ 교사가 준비한 모범 줄거리를 제시합니다.

수업 전 미리 모둠별로 앉도록 안내합니다. 수업이 시작되면 앞 시간에 작성한 줄거리를 모둠에서 발표하고 토론합니다. 토론 내용을 바탕으로 줄거리를 만듭니다. 공동으로 줄거리를 완성하면 교사에게 제출하는데, 이때 교사는 미리 준비한 모범 줄거리를 보여 주어 스스로 비교해 보게 합니다.
모둠마다 차이가 나기 때문에, 교사는 그때그때 내용을 점검하고 직접 지도해 주는 것이 바람직합니다. 수업 종료 바로 전에 한꺼번에 제출하면, 교사는 모범 줄거리만 보여 줄 수밖에 없습니다.
다음 시간에는 모둠별로 책을 바꿔 줄거리 쓰기를 한 번 더하기 때문에, 교사가 작성한 모범 줄거리는 해당 모둠만 볼 수 있게 합니다. 활동 전에 모범 줄거리를 알게 되면, 토론 활동이 활발하게 이루어지기 어렵습니다. 이미 정답이 있기 때문에 그에 맞춰 생각하는 경향이 있습니다.

제시한 여섯 권에 대한 모범 줄거리는 이 활동을 모두 마무리하는 마지막 시간에 나누어 주는 것이 좋습니다.

●◆ 활용 자료

· **얼굴 빨개지는 아이** 장 자끄 상뻬 글·그림, 김호영 옮김, 열린책들, 1999
· **행복한 청소부** 모니카 페트 글·안토니 보라틴스키 그림, 김경연 옮김, 풀빛, 2000
· **우리 형** 국어시간에 소설 읽기2, 임영윤 글, 전국국어교사모임 엮음, 나라말, 2001
· **내 짝꿍 최영대** 채인선 글·정순희 그림, 재미마주, 1997
· **꽃들에게 희망을** 트리나 포올러스 지음, 김명우 옮김, 소담출판사, 1991
· **어머니의 용맹스러운 기사** 국어시간에 소설 읽기2, 위기철 글, 전국국어사모임 엮음, 나라말, 2001
· **소나기** 황순원 글, 강우현 그림, 다림, 1999

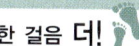 한 걸음 더!

학급 구성원 모두가 같은 작품을 읽고, 모둠별로 이 활동을 할 수도 있습니다. 이때는 모두 앞에서 모둠 줄거리를 발표하고, 가장 좋은 줄거리를 찾아보게 하면 좋습니다. 한 작품에 대한 여러 줄거리를 접하는 과정에서 아이들은 줄거리를 어떻게 써야 할지, 어떤 줄거리가 좋은지 따위를 알 수 있습니다.

[자료15] 모둠 토론 뒤 함께 쓴 줄거리

〈소나기〉를 읽고

중대부속중학교 1학년 5반 모둠 이름 : 낭랑14세

1. **제목** : 소나기
2. **지은이** : 황순원
3. **줄거리 요약하기** – 단락 번호를 붙이고 요약하기
   1) 시골로 이사 온 윤 초시네 증손녀딸인 소녀는 날마다 개울가에서 물장난을 치곤 했다. 그 모습을 소년은 학교에서 돌아오는 길에 매일 지켜보았다.
   2) 그러던 어느 날 소녀는 소년에게 조약돌을 던졌고 소년은 소녀가 안 나올 때마다 그 조약돌을 주무르는 버릇이 생겼다.
   3) 어느 날 사뭇 가까워진 둘은 산 너머로 놀러 가서 재미있게 놀았다.
   4) 갑자기 내리는 소나기에 당황했지만 소년과 소녀는 수숫단 속에서 비를 피하게 된다.
   5) 소년 등에 업혀 온 소녀의 옷자락은 흙탕물로 붉게 물들었고 며칠 뒤 아픈 기색이 역력히 보이던 소녀는 자신의 옷자락을 보여 주며 자신이 이사 간다는 것을 알린다.
   6) 소년은 아버지로부터 소녀가 앓다가 죽게 되었다는 소식을 듣고 소녀가 마지막 유언으로 붉은색 물이 든 옷을 입고 죽게 해 달라고 했다는 말을 들었다.

《행복한 청소부》를 읽고

신관중학교 1학년 6반 2모둠

독일에 거리 표지판을 닦는 청소부 아저씨가 있었다. 아저씨는 아침 7시에 집을 나서 청소국에 도착하여 청소 도구를 챙겨서 자전거를 타고 청소국을 나섰다.

청소부 아저씨는 몇 년 전부터 작가와 음악가들의 거리에서 표지판을 닦고 있었다. 아저씨가 닦아 놓은 표지판은 깨끗할 뿐 아니라 새것 같았고 아저씨는 행복했으며 자신의 직업을 사랑했다.

그러던 어느 날 한 엄마와 아이가 옆에 서서 말했다. 아이는 아저씨가 막 닦아 놓은 표지판을 보고 글씨가 지워졌다고 말했다. 엄마는 원래 저 글씨가 맞는 거라고 이야기하였다. 아저씨는 문득 지금까지 유명한 사람들의 이름을 코앞에 두고도 그들에 대해 아무것도 몰랐다는 것을 깨달았다.

아저씨는 그날부터 음악가와 작가에 대해 알기 위해 공연에 가 보기도 했고, 책을 빌려다 보기도 하면서 공부했다. 그리고 그때부터 표지판을 닦을 때마다 가곡도 부르고 읽은 소설 이야기도 해 줬다. 아저씨가 일하는 곳에는 아저씨의 이야기를 들으려는 사람들로 넘쳤다. 아저씨는 유명해지고 강연을 해 달라고 부탁하는 대학도 있었지만, 모두 거절했다. 아저씨는 지금까지 그랬듯이 행복한 표지판 청소부로 남았다.

[자료16] 모범 줄거리

얼굴 빨개지는 아이

장 자끄 상뻬 글·그림, 김호영 옮김, 열린책들, 1999

꼬마 마르슬랭 까이유는 얼굴이 빨개지는 병 때문에 괴로웠다. 시도 때도 없이 빨개지는 얼굴 때문에 오해도 받고 놀림도 받았다. 그는 왜 자기 얼굴이 빨개지는지 알고 싶었지만 그 이유를 알 수 없어 답답했다. 아이들이 놀리는 게 싫어 점점 혼자 노는 걸 더 좋아하게 되었다.

그러던 어느 날, 그는 시도 때도 없이 재채기를 해 대는 르네 라토라는 아이를 만나게 되었다. 르네는 바이올린을 아주 잘 켜는 아이였다. 둘은 서로 만나게 된 걸 아주 기뻐하며 잠시만 눈에 안 보여도 서로 찾는 절친한 친구가 되었다. 그러나 마르슬랭이 할아버지 댁에서 일주일을 지내고 돌아왔을 때 르네 가족은 이사를 가고 없었다. 르네가 편지를 남기긴 했지만, 부모님들의 실수로 끝내 그 편지를 찾지 못하게 되었다. 마르슬랭은 몹시 슬펐다. 그러나 시간이 흐르면서 둘은 서로를 점점 잊으며 어른이 되었다.

마르슬랭은 대도시에서 다른 사람들처럼 바쁘게 살게 되었고, 비 내리던 어느 날 군중 속에서 계속 재채기를 하는 사람을 보고 웃음을 터뜨리다가 그가 르네임을 알고 기쁨을 감추지 못했다. 그들은 매우 바쁘게 사는 가운데도 틈만 있으면 서로 만나 어렸을 때처럼 엉뚱한 놀이도 하고, 말없이 앉아 있기도 하며, 더욱 절친한 친구가 되었다.

행복한 청소부

모니카 페트 글·안토니 보라틴스키 그림, 김경연 옮김, 풀빛, 2000

독일에 거리 표지판을 닦는 청소부가 있었다. 그는 아침 7시면 출근하여 '작가와 음악가들의 거리'를 청소하며 표지판을 닦았다. 그가 청소한 거리는 무척 깨끗했고 청소부는 힘겹지만 자신의 직업에 만족하며 살고 있었다.

그러던 어느 날 그는 그곳을 지나가던 엄마와 아이의 대화를 통해 자신이 일하고 있는 거리의 주인공인 작가와 음악가에 대해 전혀 알지 못한다는 사실을 깨닫게 되었다. 그때부터 그는 신문과 책을 읽고 공연을 보며 열심히 공부하기 시작했다. 이렇게 공부를 하던 청소부는 시와 음악의 세계에 새롭게 눈을 뜨고 자신이 알게 된 내용을 간판을 닦으면서 자신에게 이야기하기 시작했다. 이러한 재미난 강연은 지나가는 사람들의 흥미를 끌게 되고 점점 더 많은 사람들이 일하는 청소부의 강연을 듣기 위해 모여들었다. 마침내 유명해진 청소부는 텔레비전에 출연하고 대학에서 강연도 요청 받았지만, 그는 그것을 거절한 채 여전히 청소부로 남았다.

우리 형

국어시간에 소설 읽기2, 임영윤 글, 전국국어교사모임 엮음, 나라말, 2001

나의 형은 언청이에다 말을 더듬는 선천적인 기형아였다. 여러 차례 힘겨운 수술을 받으면서도 공부도 잘하고 내 잘못을 대신 뒤집어쓰기도 하는 아량이 넓은 형이었지만 나는 질투하고 곧잘 놀리곤 했다. 형은 성실하고 미물까지도 사랑하는 착한 마음의 소유자로 성장했다. 장애가 있는 형을 키우면서 어머니는 돈에 대한 집착이 점점 강해져 갔다. 형은 지방에 있는 대학에 진학하고 잠시 가정의 행복을 맛본 뒤 무단횡단을 하던 여자아이를 구해 주다 교통사고를 당했다. 형이 숨을 거두자 일주일을 시체처럼 보낸 어머니는 자신의 생일날 생전 처음 보는 큰 꽃다발을 받아 들고 오열한 뒤 다시 정신을 차리게 된다. 그 꽃다발은 사고 전 형이 보낸 것이었다.

나 또한, 아무도 몰래 한 아이를 계속 도와주며 짧게 살다 간 형이 비록 장애가 있는 불편한 몸이었지만, 너무도 착하고, 모든 이에게 행복을 안겨 준 고귀한 사람이었음을 새삼스럽게 깨닫는다.

들은 여행 기념으로 산 배지를 영대에게 달아 주며 서로 화해하게 되고, 그 일이 있은 뒤로 영대는 아이들과 사이 좋게 지내며 몸도 깨끗해지고 잘 웃는 명랑한 학생으로 변해 간다.

꽃들에게 희망을
트리나 포올러스 지음, 김명우 옮김, 소담출판사, 1991

내 짝꿍 최영대
채인선 글·정순희 그림, 재미마주, 1997

3학년 어느 교실, 4월 어느 날 최영대라는 아이가 시골에서 전학을 왔다. 엄마가 없는 영대는 몸에서 냄새가 나고 지저분하여 아이들이 무척 싫어했다. 행동이 느리고 엄마가 돌아가신 뒤 말이 없어진 영대는 아이들의 심한 괴롭힘과 따돌림에도 대항하지 못하고 외톨이로 힘들게 생활한다.

2학기가 되어 아이들이 경주로 단체 여행을 가게 되었다. 여행의 설렘에 들뜬 아이들이 재미있는 하루를 보내고 잠을 자기 위해 누워 있는 시간에 누군가 방귀를 뀌는 사건이 일어났다. 아이들은 아무런 죄의식도 없이 영대에게 뒤집어씌우고 엄마까지 들먹이며 놀려 대자 영대가 큰 소리로 울기 시작했다. 아무리 달래도 그쳐지지 않는 영대의 울음을 통해 아이들은 비로소 자신들의 잘못을 깨달으며 함께 울기 시작한다. 다음 날 아이

세상에 처음 태어난 줄무늬 애벌레가 있었다. 이 애벌레는 잎을 갉아먹는 단순한 생활보다 더 나은 삶이 있을 것이라 믿고 여행을 떠났다. 어느 날 줄무늬 애벌레는 꼭대기를 향해 올라가는 거대한 애벌레 기둥을 보고 그곳이 자신이 찾던 새로운 삶이라 믿으며 합류하게 된다. 오직 올라가기에만 매달려 다른 애벌레를 밟고 친구도 대화도 잃어버린 줄무늬 애벌레는 그곳에서 노랑 애벌레를 만나 올라가는 것을 멈추고 기둥에서 이탈하여 서로를 깊이 사랑하며 행복한 생활을 보낸다. 그러나 기둥 꼭대기에 미련을 버리지 못한 줄무늬 애벌레는 다시 기둥을 향해 오르고 혼자 남은 노랑 애벌레는 껍질을 벗고 생명의 환희를 느끼며 아름다운 나비가 되어 줄무늬 애벌레를 찾아 나선다. 기둥을 오르던 줄무늬 애벌레는 안간힘을 쓰며 다른 애벌레를 밟고 꼭대기를 향해 조금씩 전진하다가 노랑나비를 보고 회의에 빠지며 꼭대기를 향한 처절한 싸움이 무의미함을 깨닫는다. 꼭대기를 향해 기어오르는 것을 포기하고 내려온 줄무늬 애벌레는 노랑나비의 인도로 아름다운 나비로 새롭게 탄생한다.

어머니의 용맹스러운 기사

국어시간에 소설 읽기2, 위기철 글, 전국국어교사모임 엮음, 나라말, 2001

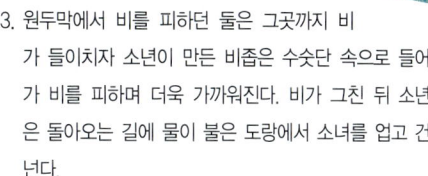

내가 다섯 살이 되던 무렵, 아버지는 밀린 월급을 받기 위해 부산에 내려가 계셨다. 그동안 어머니는 잉크 공장에 다니며 생계를 꾸렸다. 무허가 잉크 공장에서 일하다 어머니는 누군가의 실수로 독한 화공약품이 눈에 들어가 한쪽 눈을 잃게 되었다.

그리고 내가 아홉 살이 되던 해 우리 식구는 산동네에 집을 사서 이사를 갔다. 이삿짐 정리를 마치고 나는 엄마 심부름으로 집집마다 파전을 돌리다 꾀죄죄한 내 또래 한 소년을 만나게 되었다. 내 말에 사사건건 트집을 잡고 덤비던 소년은 힘으로 나를 제압할 수 없음을 알고는 한쪽 시력을 잃은 우리 어머니를 애꾸라고 놀렸다. 화가 난 나는 그 소년을 두들겨 패고 돌아서는데 얻어맞고 울던 아이가 흙 마당에 떨어진 파전을 그대로 주워 먹는 것을 보고 놀랐다. 집으로 돌아온 나는 어머니께 그 아이가 부모 없는 고아인 것을 듣게 되고 새삼스럽게 가족과 어머니의 소중함을 깨달았다.

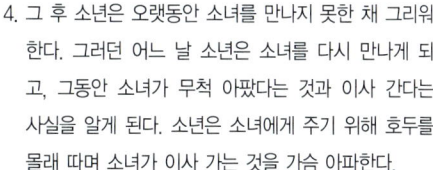

에서 소녀를 다시 만난다. 멀리 있는 산에 가 보고 싶다는 소녀의 말에 소년은 모든 일을 제쳐두고 소녀를 따라나선다. 그들은 가을 들판을 지나 산에 오르며 다정한 시간을 보내지만 갑작스럽게 소나기를 만나게 된다.

3. 원두막에서 비를 피하던 둘은 그곳까지 비가 들이치자 소년이 만든 비좁은 수숫단 속으로 들어가 비를 피하며 더욱 가까워진다. 비가 그친 뒤 소년은 돌아오는 길에 물이 불은 도랑에서 소녀를 업고 건넌다.

4. 그 후 소년은 오랫동안 소녀를 만나지 못한 채 그리워한다. 그러던 어느 날 소년은 소녀를 다시 만나게 되고, 그동안 소녀가 무척 아팠다는 것과 이사 간다는 사실을 알게 된다. 소년은 소녀에게 주기 위해 호두를 몰래 따며 소녀가 이사 가는 것을 가슴 아파한다.

5. 소녀가 이사 가기 전날 밤 제삿집에 다녀온 아버지에게서 소년은 소녀가 죽었다는 말을 듣게 된다. 소녀가 죽을 때 입고 있던 옷을 그대로 입혀서 묻어 달라는 유언을 남겼다는 것도 알게 된다.

소나기

황순원 글 · 강우현 그림, 다림, 1999

1. 소년은 어느 날 개울가에서 윤초시네 증손녀를 만난다. 자신의 까만 얼굴과는 달리 도시에서 온 소녀는 얼굴도 희고 예뻤다. 징검다리에 앉아 소년이 말을 걸어오기를 기다렸던 소녀는 소극적인 소년을 보고 조약돌을 던지며 관심을 나타낸다.
2. 소녀에게 관심을 갖게 된 소년은 어느 토요일 개울가

10차시 10줄 감상 덧붙이기

수업 목표
책을 읽고 내용을 요약한 뒤 간단히 자기 느낌을 덧붙인다.

줄거리 쓰기에 이어지는 수업입니다. 앞 시간에 줄거리를 쓰며 중심 사건을 살피고 내용을 요약하는 데 감을 잡았다면, 다시 한 번 되풀이하며 중심 내용을 효과적으로 표현하는 기술을 훈련합니다.

8차시에 활용한 책들을 모둠별로 바꿔 읽으며 줄거리를 쓰고, 한 걸음 더 나아가 10줄 감상을 덧붙입니다. 반복되거나 불필요한 내용을 없애고, 책에 나온 용어를 그대로 쓰기보다는 자기 말로 바꿔 보도록 안내합니다. 자기 말로 바꾸는 과정에서 한 번 더 고민하게 되고, 짧은 글 속에 느낌까지 담아낼 수 있습니다.

수업 전개
① 모둠원이 의논하여 책을 정합니다.
② 주요 인물과 중심 사건, 작가의 의도를 생각하며 읽습니다.
③ 저마다 줄거리를 쓴 뒤 10줄 감상을 덧붙입니다.

8차시에 추천한 책 가운데 읽지 못해 아쉬웠던 책을 선택하게 합니다. 모둠별로 책을 정하면, 8차시와 동일하게 수업을 진행합니다.(같은 책을 보게 된 아이들끼리 모둠을 꾸려도 좋습니다.)

아이들이 줄거리를 완성하면 10줄 감상을 덧붙이게 합니다. 굳이 10줄로 정한 까닭은 틀거리가 없으면 아이들마다 크게 차이 나기 때문입니다. 어떤 아이는 지나치게 잘 쓰려고 하다가 시간 내 다 쓰지 못하기도 하고, 또 어떤 아이는 두세 줄 쓰고 다 썼다며 시간을 허비하기도 합니다.

아이들이 읽은 느낌을 쓸 때 '좋다' '나쁘다' '감명 깊다' 와 같은 뭉뚱그린 표현을 삼가도록 안내합니다. 인상 비평으로 흐르기 쉽기 때문입니다. 마음에 남는 가장 인상 깊은 장면을 설명하거나 주인공을 현실로 끄집어내어 대화를 나누구나 자신이 직접 이야기 속으로 들어가 등장 인물이 되어 볼 수도 있음을 보기로 들어 주면 좋습니다.

●◆ 활용 자료

- **얼굴 빨개지는 아이** 장 자끄 상뻬 글·그림, 김호영 옮김, 열린책들, 1999
- **행복한 청소부** 모니카 페트 글·안토니 보라틴스키 그림, 김경연 옮김, 풀빛, 2000
- **우리 형** 국어시간에 소설 읽기2, 임영윤 글, 전국국어교사모임 엮음, 나라말, 2001
- **내 짝꿍 최영대** 채인선 글·정순희 그림, 재미마주, 1997
- **꽃들에게 희망을** 트리나 포울러스 지음, 김명우 옮김, 소담출판사, 1991
- **어머니의 용맹스러운 기사** 국어시간에 소설 읽기2, 위기철 글, 전국국어교사모임 엮음, 나라말, 2001
- **소나기** 황순원 글, 강우현 그림, 다림, 1999

한 걸음 더!

시간이 부족할 때가 많습니다. 앞 시간에 줄거리도 쓰고, 토론을 통해 요약 능력을 길렀다고 해도 금세 다 잘할 수 있는 것은 아니니까요. 여유가 있다면, 이 활동을 3~4차시로 운영하는 것이 바람직합니다. 1차시는 책을 읽으며 줄거리 초안을 작성하고, 2차시에는 줄거리를 완성하고 소감을 쓰며, 3차시에는 모둠원들이 서로 토론을 거쳐 모범 줄거리를 작성하고, 4차시에는 모둠별로 발표합니다.

[자료17] 단계별로 쓴 줄거리

단편 소설 읽고 처음 쓴 〈우리 형〉 줄거리

신관중학교 1학년 양성현

우리 형은 입천장이 벌어져서 태어난 선천성 기형아였다. 따라서 자연히 수술도 자주 받고 밖에도 나가지 못하는 형, 하지만 나는 어머니의 관심을 많이 받고 공부도 잘하는 형을 질투하기만 한다.
내가 2학년이 되던 해 나는 만화와 오락 때문에 어머니의 지갑에서 오천 원을 훔쳤는데 텔레비전 위에 숨긴 그 돈을 어머니에게 들켜 버린다. 내가 필사적으로 거짓말을 하며 형을 바라보던 때 형은 나를 위해 자신이 누명을 쓰고, 그 뒤로 나는 형을 위해 싸우기도 하는 등 형에게 조금씩 잘해 준다.
그 뒤로 약 20년, 형은 지방의 P공대를 갔고 어버이날은 꼭 선물을 사들고 왔으며 우리 집에도 비로소 웃음꽃이 피기 시작했다. 그러나 어머니의 생일이 되기 일주일 전 이상하게도 나와 어머니에게 불길한 예감이 든다. 하루 종일 초조하게 보내던 날 형이 무단횡단을 하던 여자아이를 구하고 교통사고를 당했다는 소식을 듣는다. 형은 어머니가 오자마자 숨을 거두었고 충격을 받은 어머니는 시체처럼 일주일을 보낸다. 마침내 어머니의 생일 날 형이 사고 전날 보낸 엄청난 꽃을 받았고 어머니는 다시 기력을 찾아 일어났다.
또 나는 형 대신 선명회라는 단체의 한 아이를 도와주다 깨닫는다. 내가 형과 있는 동안 얼마나 행복했는지, 형이 얼마나 착한 사람인지를 깨닫고 형이 한 만큼은 아니지만 열심히 이 아이를 도와주겠다고 다짐한다.

모둠 토론 뒤 다시 쓴 〈우리 형〉 줄거리

신관중학교 1학년 6반 4모둠

형은 선천성 기형아로 태어났다. 그럼에도 공부도 잘하고 착하여 어머니의 사랑을 많이 받았다. 나는 그런 형을 질투했다. 내가 2학년이 되던 해 나는 어머니의 지갑에서 5천 원을 꺼내서 숨겨 놓았다가 어머니에게 발견된다. 그때 형이 나 대신 누명을 쓰고 맞은 뒤로 형과 나의 사이는 조금씩 좋아지기 시작한다. 대략 20년이란 세월이 흐르고 우리 집에도 비로소 웃음꽃이 피어나고 있었다. 그러나 어머니와 형의 생일이 되기 약 일주일 전 뭔가에 불안함을 느낀 어머니와 나에게 전화가 온다. 형이 무단횡단을 하던 여자아이를 구해 주고 교통사고를 당했다는 것이다. 형이 숨을 거두자 일주일을 시체처럼 보낸 어머니 앞으로 생전 처음 보는 많은 양의 꽃다발이 배달되었고, 어머니는 기력을 찾는다. 그리고 나 역시 형이 도와주던 한 아이를 도와주며 형이 얼마나 착하고 소중한 사람이었는지 깨닫는다.

10줄 감상 덧붙이기

신관중학교 1학년 양성현

장애를 가진 사람이 아닌 보통 사람이라도 글쓴이의 형처럼 착하고 정직하게 살기는 굉장히 힘들 것이다. 아니, 내 경우에도 동생을 대신해 어머니의 지갑에서 돈을 꺼냈다는 누명을 쓴다는 것은 상상도 할 수 없다. 하지만 글쓴이의 형은 장애인인 것과는 관계없이 누구보다 깨끗하고 남을 위할 줄 아는 마음을 가진 그런 사람이었던 것 같다.
이렇게 착한 형이 성장하는 과정을 보면서 속으로 많이 행복했으면 하고 간절히 바랐다. 하지만 형이 죽는 장면에서는 안타까움과 함께 정말 형다운 죽음이라는 생각이 들었고 마지막에 형이 보내온 꽃들에서는 깊은 감동을 받았다.
이 책을 읽고 정상인이면서도 이기적인 내가 부끄럽다는 생각도 들었고 앞으로 '형'을 본받고 싶다.

11차시 모둠별 모범 줄거리 쓰기(2)

수업 목표

같은 책을 읽은 사람끼리 토론하여 모범 줄거리를 쓴다.

11차시는 9차시와 동일하게 진행합니다. 모둠 토론을 진행할 때, 줄거리 쓰기에 아직 서툰 아이들도 수업에 적극적으로 참여할 수 있도록 분위기를 만드는 것이 중요합니다.

수업 전개

① 모둠별로 앉아 앞 시간에 저마다 쓴 줄거리를 돌려 읽거나 돌아가며 발표합니다.
② 모둠별로 토론하며 모범 줄거리를 만듭니다.
③ 교사가 준비한 모범 줄거리를 제시합니다.

그동안 4차시에 걸쳐 진행한 줄거리 쓰기의 마지막 시간입니다. 여러 차례 줄거리 쓰기로 긴장감이 떨어지는 시점이기도 합니다. 이때 줄거리 쓰기의 의미를 다시 한 번 강조하며 분위기를 다잡고 시작하는 것이 좋습니다.

이번 시간은 마지막 시간이니 만큼 모둠 토론이 끝난 뒤, 미리 발표자와 발표 방법을 의논하여 모둠 발표가 활발하게 이루어지도록 합니다. 발표가 끝난 뒤에는 발표 내용을 보기로 하여 줄거리를 잘 쓰기 위한 효과적인 방법과 작품을 꼼꼼하게 읽어야 하는 중요성을 되짚어 줍니다.

활용 자료

- **얼굴 빨개지는 아이** 장 자끄 상뻬 글·그림, 김호영 옮김, 열린책들, 1999
- **행복한 청소부** 모니카 페트 글·안토니 보라틴스키 그림, 김경연 옮김, 풀빛, 2000
- **우리 형** 국어시간에 소설 읽기2, 임영윤 글, 전국국어교사모임 엮음, 나라말, 2001
- **내 짝꿍 최영대** 채인선 글·정순희 그림, 재미마주, 1997
- **꽃들에게 희망을** 트리나 포올러스 지음, 김명우 옮김, 소담출판사, 1991
- **어머니의 용맹스러운 기사** 국어시간에 소설 읽기2, 위기철 글, 전국국어교사모임 엮음, 나라말, 2001
- **소나기** 황순원 글, 강우현 그림, 다림, 1999

한 걸음 더!

- 줄거리 쓰기는 중심 사건이나 내용을 찾고 인과관계를 살펴, 작품 전체를 구조화하는 작업이기 때문에 학습 능력과 직결됩니다. 따라서 위에서 다룬 단편뿐 아니라 장편에 적용하면 더 큰 효과를 얻을 수 있습니다.
- 줄거리 쓰기는 논설문이나 설명문 따위의 비문학적인 글에도 다양하게 활용할 수 있습니다. 글을 읽고 핵심어를 찾은 다음, 문단과 문단이 어떻게 연결되는지를 살피고, 주제를 찾는 작업을 되풀이하면 아이들의 읽기 능력을 높일 수 있습니다.

12차시 장면화 그리기(1)

수업 목표

짜임새 있는 단편을 읽고 구성 단계에 따라 중심 내용을 간추린다.

읽은 내용을 장면화로 그리는 활동입니다. 중심 내용을 그림으로 표현하기 때문에 아이들은 글로 나타내는 활동보다 더 재미있어하고 부담도 덜 느낍니다. 다양하게 표현하는 능력도 기를 수 있겠지요.

아이들은 그림을 잘 그리는 데에만 신경 쓴 나머지, 간혹 장면 구성이 허술하거나 황당한 이야기로 빠지기도 하는데, 이 활동은 중심 내용을 파악하고 간추린 뒤 그림으로 표현하는 것이 목적임을 분명히 밝히는 것이 좋습니다. 장면화 그리기에 앞서, 먼저 작품의 구성 단계가 잘 드러나게 장면을 뽑도록 안내합니다.

수업 전개

① 같은 책을 읽고 싶은 사람끼리 모둠을 구성합니다.
② 저마다 구성 단계를 고려하여 주요 장면을 6~8개로 간추립니다.
③ 장면마다 2~4문장으로 요약합니다.

장면화 그리기에서는 인물의 개성이 잘 드러난 책이나 시각 이미지가 강하고 짜임새 있는 단편을 선택하는 것이 좋습니다. 아이들은 등장 인물의 개성이 강할수록 특색 있는 캐릭터를 잘 살려 그리거든요.

중심 사건을 간추리기 전, 먼저 공책에 그릴지 전지에 그릴지 정합니다. 또 혼자 그릴지 모둠 작업으로 할지도 정해 놓는 게 좋습니다. 장면화를 전지에 그리면 전체 내용을 자세하게 나타낼 수 있고 전시 효과도 뛰어납니다. 그러나 그림 분량이 많으므로 모둠 작업으로 하는 것이 좋습니다. 공책에 장면화를 그리면 보관이 쉽고 한 사람이 그리기에 알맞은 한편, 전시 효과는 떨어집니다.

그릴 내용을 재구성할 때에는 작품의 구성 단계를 고려하도록 합니다. 이야기의 절정에 해당하는 사건이 무엇인지, 그 사건이 어떻게 시작되고 전개되었는지 생각해 봅니다. 이런 과정 없이 바로 그리면, 이미지로 나타내기 쉬운 부분만 골라 내용이 부실해지기 쉽습니다.

> **활용 자료**
> - **내 짝꿍 최영대** 채인선 글, 정순희 그림, 재미마주, 1997
> - **벙어리 삼룡이** 나도향 지음, 범우사, 2001
> - **B사감과 러브레터** 중학생이 보는 B사감과 러브레터, 현진건 지음, 신원문화사, 2001
> - **봄봄** 동백꽃, 김유정 지음, 범우사, 2002
> - **외할매 생각** 국어시간에 수필 읽기1, 이상석 글, 윤영선 엮음, 나라말, 2000
> - **흰종이 수염** 국어시간에 소설 읽기1, 하근찬 글, 전국국어교사모임 엮음, 나라말, 1998

한 걸음 더!

여유가 있다면, 〈흥부전〉〈심청전〉〈박씨전〉〈춘향전〉〈옹고집전〉〈홍길동전〉 같은 분량이 좀 긴 우리 고전을 읽고, 장면화를 그려 보는 것도 좋습니다. 모둠별로 24~30장면을 그려 전지에 붙이거나 그림책으로 엮어 내면 내용 파악은 물론, 훌륭한 창작물이 됩니다.

[자료18] 장면화 그리기

《내 짝꿍 최영대》 그릴 내용 간추리기

중대부속중학교 1학년 김예나

① 4월 어느 날 아침, 더벅머리를 한 최영대라는 조용한 아이가 전학 왔어요.

② 영대는 아이들이 놀려도 울지 않았어요. 반 남자 아이들이 영대를 벽에 세워 놓고 때려도 영대는 울지 않았어요.

③ 10월 어느 날, 3학년은 경주로 수학여행을 가서 구경을 하고 저녁에 잠을 자는데 방귀 소리가 났어요.

④ 아이들이 모두 '궁뱅이 바보'가 했다며 놀리자 영대가 울었어요. 영대는 울음을 그치지 않고 영대를 놀린 우리는 선생님께 벌을 받았어요.

⑤ 다음 날 아침 반장이 영대에게 배지를 달아 주자 모두 우르르 몰려와 영대에게 배지를 달아 주었어요.

⑥ 그 후 영대는 옷차림도 깨끗해지고 반에서 제일 소중한 아이가 되었어요. 나에게도 그래요. 영대는 지금 내 짝꿍이에요.

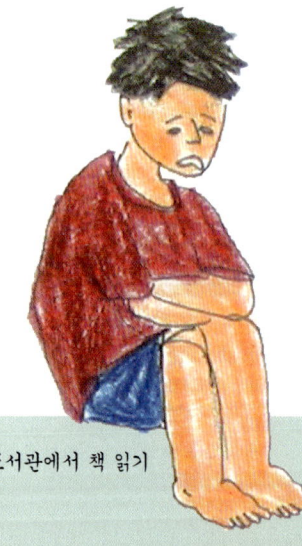

김예나 중대부중·1

13차시 장면화 그리기(2)

수업 목표

중심 사건을 간추려 장면화로 그린다.

단순하고 정지된 영상을 넘어 동영상 시대를 살아가는 요즘 아이들은 시각 이미지에 강합니다. 그래서인지 그림으로 표현하는 활동에 무척 흥미를 느낍니다. 장면화 그리기는 아이들이 좋아하는 만화적인 요소를 끌어들여 중심 사건을 그림으로 나타내는 시간입니다.

아이들은 작품을 새롭게 재구성하며 창작의 기쁨을 맛보고, 캐릭터나 배경을 그리며 작품의 분위기와 주제를 자연스레 파악할 수 있습니다.

수업 전개

① 장면화 그리기에 필요한 준비물을 가져오게 합니다. 크레파스, 파스텔, 수채 물감, 색연필, 전지, 색지처럼 표현 방법에 따라 준비물은 다를 수 있습니다.
② 간추린 중심 사건을 장면화로 나타냅니다.

장면화 그리기는 독서수업 가운데 가장 재미있는 수업입니다. 그리기를 좋아하는 아이들이 특기를 살려 다양하게 그릴 수 있게 이끕니다.

표현 형식에는 크게 제한을 두지 않는 것이 좋습니다. 어디에 그리든, 어떤 재료를 사용하든, 내용을 잘 드러내기만 하면 된다는 점을 강조합니다.

이때 아이들이 그린 장면화를 어떤 기준으로 평가할지, 기준을 명확하게 제시합니다. 그림으로 나타내는 활동이지만 독서수업인 만큼, 그림 실력보다는 내용 흐름에 더 큰 비중을 두어 평가하는 것이 바람직합니다. 비록

●● 활용 자료

- **내 짝꿍 최영대** 채인선 글, 정순희 그림, 재미마주, 1997
- **벙어리 삼룡이** 나도향 지음, 범우사, 2001
- **B사감과 러브레터** 중학생이 보는 B사감과 러브레터, 현진건 지음, 신원문화사, 2001
- **봄봄** 동백꽃, 김유정 지음, 범우사, 2002
- **외할매 생각** 국어시간에 수필 읽기1, 이상석 글, 윤영선 엮음, 나라말, 2000
- **흰종이 수염** 국어시간에 소설 읽기1, 하근찬 글, 전국국어교사모임 엮음, 나라말, 1998

그림의 모양이나 채색 면에서는 뒤떨어지더라도 글의 흐름과 주제를 잘 표현했다면 좋은 평가를 해야겠지요.

장면화가 완성되면 복도나 교과실에 전시하여 작은 전시회를 여는 것도 좋습니다.

한 걸음 더!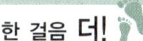

- 반 전체가 참여하여 공동 작품을 만들 수도 있습니다. 중심 내용을 학급원 수만큼 나누어 간추린 뒤, 그리고 싶은 부분을 한 장씩 맡아 그립니다. 모두 다 그린 다음, 차례대로 전지에 붙이고 장식하면 장면화가 완성됩니다. 교실 뒤 게시판에 붙이면 교실 환경 꾸미기에도 도움이 됩니다.
- 장면화로 그림책을 만들 수도 있습니다. 모둠별로 30장면 정도 그린 뒤 책으로 묶으면 보관하기에도 좋은 그림책이 됩니다.
- 장면화를 이용하여 구연 동화나 촌극도 할 수 있습니다. 아이들이 장면화를 그리면, 장면마다 어울리는 대본을 만들고, 역할을 나누어 낭송하거나 연극으로 만들 수 있습니다.

【자료19】 아이들이 그린 장면화

송주리 외 관악중 · 2

122 학교 도서관에서 책 읽기

김희라 외 관악중·2

3장_단계별 독서수업 들여다보기

김지연 관악중 · 2

신선혜 중대부중 · 3

문희아 중대부중 · 3

유주희 중대부중·3

3장_단계별 독서수업 들여다보기 125

14차시 책갈피 만들기

수업 목표

좋은 책을 소개하거나 독서의 중요성을 알리는 책갈피를 만든다.

독서의 중요성이나 읽은 책 내용을 담아 책갈피를 만듭니다. 1단계에서 강조한 독서의 중요성이나 2단계에서 중심 내용을 파악하면서 읽은 책을 자연스럽게 정리해 볼 수 있습니다.

독서의 중요성을 명언으로 나타내거나, 읽은 책 가운데 인상 깊은 장면을 골라 책갈피에 표현합니다. 책 읽기를 힘들어하는 아이들도 즐겁게 참여할 수 있게 표현 방법이나 내용에 크게 제한을 두지 않는 것이 좋습니다.

이렇게 만든 책갈피는 독서의 날 행사를 비롯해 책과 관련된 행사에서 다양하게 쓸 수 있습니다.

수업 전개

① 어떤 책갈피를 만들지 구상하고 공책에 도안합니다.
② 준비한 색지에 글과 그림을 넣습니다.
③ 책갈피가 완성되면 코팅합니다.
④ 평가가 끝나면 복도나 교실에 전시합니다.

만들고 싶은 책갈피의 모양과 내용을 충분히 공책에 그려 본 뒤 만듭니다. 그냥 만들다가 여러 번 실패하면 흥미가 떨어지고, 재료를 낭비할 수 있기 때문입니다. 도안할 때 교사는 책갈피의 모양과 크기는 개인의 창의성이 발현되도록 다양하게 만들 수 있음을 알려 줍니다. 이때 다양한 책갈피 견본을 보여 주면 더욱 좋습니다.

책갈피에 담을 내용을 꼭 책 내용에 한정시킬 필요는 없습니다. 가슴에 와 닿는 대사나 명언, 좋아하는 시구나 표어 따위를 독창적으로 나타내면 됩니다.

때때로 아이들은 인터넷에서 그림과 내용을 내려받아 그대로 사용하기도 하는

데 피하는 것이 좋습니다. 잘하든 못하든 직접 해 보는 과정에서 활동의 의미를 찾을 수 있기 때문입니다.

완성된 책갈피는 게시판이나 사물함 위에 전시하고, 함께 둘러보며 서로 평가합니다. 수업이 끝난 뒤에는 복도나 창틀에 작품을 전시해도 좋습니다.

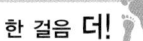

한 걸음 더!

- 책갈피 만들기는 독후 활동뿐 아니라 시 창작 수업에도 활용할 수 있습니다. 아이들이 쓴 창작 시를 예쁜 그림과 함께 책갈피로 만들면, 자기만의 시를 간직할 수 있어 무척 좋아합니다.
- 엽서 만들기 수업도 할 수 있습니다. 서화엽서나 시화엽서 만들기 같은 독후 활동은 아이들이 지루해하지 않고 재미있게 참여하는 활동입니다. 서화엽서는 등장 인물의 캐릭터나 중심 사건을 그리고, 간단하게 자기 생각을 곁들여 만듭니다. 시회엽서는 아이들이 좋아하는 시나 창작 시를 그림과 함께 엽서에 나타내면 됩니다.
- 이렇게 만든 수업 결과물은 학교 축제 때 모빌로 만들어 전시하거나 복도나 국어 교실 같은 장소에 전시하면 더욱 좋습니다.

【자료20】 아이들이 만든 책갈피

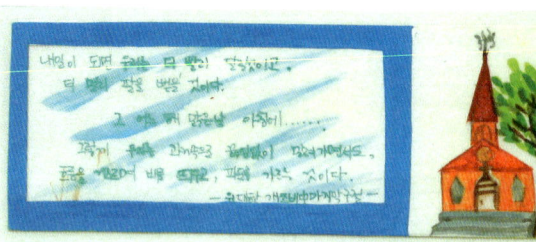

애인과 함께 이야기를 나누자

당신은 왜
당신은 왜
그런 노래를 혼자서 부르면서
그런 이야기를 그토록 처절하게 외치면서
그런 이루지 못할 꿈을 간절하게 갈구하면서

그렇게 묻고 또 묻고
그렇게 한 사람 또 한 사람

이제 이야기를 나눠요
이제 이야기를 나눠요

3단계 질문하며 생각 키우기

15차시 _ 작품 속 주인공 가상 인터뷰하기
16차시 _ 모둠 발표(1)
17차시 _ 작품 속 인물에게 말 걸기
18차시 _ 모둠 발표(2)
19차시 _ 지은이에게 말 걸기
20차시 _ 모둠 발표(3)
21차시 _ 독서 퀴즈대회

15차시 작품 속 주인공 가상 인터뷰하기

수업 목표

작품 속 주인공을 가상 인터뷰하며 작품을 깊이 이해한다.

흔히 아이들이 책을 읽을 때 사건 위주로 재미만 좇아 읽는 경우가 많습니다. 이렇게 되면 재미는 있을지 모르지만 생각하는 힘을 키우기가 어렵습니다. '작품 속 주인공 가상 인터뷰'는 책을 읽은 뒤 책 속 인물에게 스스로 질문을 던지고 답하는 활동입니다. 이런 적극적인 책 읽기는 작품을 깊이 이해하고 자기 생각을 키우는 데 보탬이 됩니다.

수업 전개

① 주인공의 성격이 뚜렷한 단편 소설을 3종 준비합니다.
② 모둠별로 같은 책을 읽고, 주인공에게 묻고 싶은 내용을 메모하며 읽습니다.
③ 주인공에게 궁금한 점을 2~4가지 간추립니다.
④ 질문을 정하면 주인공 입장이 되어 답합니다.

3단계는 작품 속 등장 인물을 자세히 들여다보며 내용을 깊이 이해하는 활동입니다. 그래서 이 활동에서는 등장 인물의 성격이 뚜렷하게 드러난 작품을 추천하는 것이 좋습니다.

3단계에서는 세 권만 추천하였는데, 인터뷰가 잘 되었는지 문제는 없는지 함께 짚어 봐야 하기 때문에, 추천한 세 권을 모두 읽을 수 있게 하기 위해서입니다. 모둠은 세 모둠이 적당하지만, 기존 모둠을 활용한다면 여섯 모둠으로 하여 두 모둠씩 같은 책을 읽게 할 수도 있습니다.(한 모둠 구성원은 5~6명이 적당합니다.)

작품을 깊이 이해하려면 텍스트를 있는 그대로 읽을 줄 알아야 합니다. 대개 지은이는 주인공을 통해 자기 생각을 나타내기 때문에, 주인공의 행동이나 생각을 이해하면, 작품을 이해하는 데 보탬이 됩니다.

인터뷰 형식을 빌어 질문을 던지고, 스스로 주인공 입장이 되어 답하는 과정에서 좀더 작품을 잘 이해할 수 있습니다.
이 활동에서 주의할 것은 아이들이 너무 뻔한 질문과 답을 하지 않도록 해야 합니다. 흔히 주인공을 인터뷰하라고 하면, 신상에 관한 내용만 간단히 묻거나 작품과

> **활용 자료**
> · **우정의 길** 작자 미상, 중학국어 1-2, 2004
> · **아빠와 큰아빠** 문제아, 박기범 글, 박경진 그림, 창비, 1999
> · **잇자국** 우리 누나, 오카 슈조 글, 카미야 신 그림, 김난주 옮김, 웅진닷컴, 2002

상관없이 장난삼아 인터뷰하는 아이들이 있습니다. 이 수업은 질문 던지기를 통해 작품을 좀더 적극적으로 읽고, 드러난 의미뿐 아니라 감춰진 의미까지도 생각해 보는 것이 목적임을 뚜렷이 밝혀 줍니다. 질문에는 좋은 질문과 시원찮은 질문이 있다는 것을 알려 주고, 질문이 좀더 심도 있게 이루어지도록 이끄는 것도 필요합니다.

질문에 대한 답변으로 많은 아이들이 '네', '아니오'로 짧게 답하는데, 풍부한 답변이 나올 수 있게 준비해야 한다는 것도 일러 줍니다. '답변은 적어도 3줄 이상'이라는 기준을 마련하는 것도 좋은 방법입니다.

이 수업도 아이들마다 차이가 나기 때문에 1시간 만에 모두 마치기가 어렵습니다. 이 활동을 버거워하는 아이들을 잘 살피고, 쉬운 책을 고를 수 있게 하고, 질문과 답변도 1~2개로 줄여 줍니다.

한 걸음 더!

소설뿐 아니라 수필이나 시를 활용해도 좋습니다. 수필에서는 지은이에게 질문을 던져도 되고, 작품 속 다른 인물에게 질문해도 좋습니다. 시에서는 시적 화자나 시인에게 질문을 던지고 답합니다.

16차시 모둠 발표(1)

수업 목표
인터뷰한 내용을 모둠에서 토론한 뒤, 잘된 것을 골라 발표한다.

앞 시간에 저마다 작성한 인터뷰 내용을 모둠에서 발표합니다. 토론을 거쳐 잘된 질문을 정하고 공동으로 답을 마련한 뒤 모두 앞에서 발표합니다. 이런 토론을 통해 아이들은 어떤 질문이 좋은 질문인지, 작품의 핵심 내용은 무엇인지, 또 어떻게 독창적으로 해석할 수 있는지 따위를 터득할 수 있습니다.

수업 전개
① 모둠별로 둘러앉아 한 명씩 돌아가며 인터뷰 내용을 이야기합니다.
② 인터뷰 내용을 토론하면서 중심 내용을 잘 짚었거나 창의적인 질문을 3~4개 골라 다시 만듭니다.
③ 공동으로 답안을 만듭니다.
④ 모둠별로 앞으로 나와 발표합니다.

모둠별로 앉아 수업합니다. 저마다 앞 시간에 인터뷰한 내용을 모둠에서 발표하고, 그 가운데 잘된 질문을 고릅니다. 좋은 질문이 없으면 서로 지혜를 모아 다시 질문을 만듭니다. 이때 교사는 잘된 질문이 어떤 것인지 보기를 들어 설명합니다. 작품을 관통하는 문제나 주인공의 내면 변화, 결정적인 행동을 잘 꼬집는 질문이나, 깊은 생각을 요구하는 질문, 독창적인 해석이 돋보이는 질문이 좋은 질문입니다.

모둠원과 함께 토론 수업을 하다 보면, 앞 시간에 별 생각 없이 주인공을 인터뷰한 아이들은 반성할 시간도 갖고, 작품 내용을 잘못 이해한 아이들은 제대로 이해할 수 있으며, 모둠원 가운데 독창적인 질문을 하는 아이가 있을 때는 작품을 새롭게 바라볼 수 있는 눈도 기르게 됩니다. 같은 질문이라도 답이 서로 다를 경우, 똑같은 작품도 사람에 따라 다르게 볼 수 있다는 것도 알 수 있습니다. 토론을 통해 공동의 답을 만들면서 내용을 좀더 깊이 이해할 수 있고, 의견을 조율하는 힘도 기르게 됩니다.

대개 아이들은 혼자 주인공에게 질문을 던지고 답할 때보다 모둠원들과 함께 좋은 질문을 만들고 답안을 작성하는 활동을 더 재미있어합니다.

> **활용 자료**
> - **우정의 길** 작자 미상, 중학국어 1-2, 2004
> - **아빠와 큰아빠** 문제아, 박기범 글, 박경진 그림, 창비, 1999
> - **잇자국** 우리 누나, 오카 슈조 글, 카미야 신 그림, 김난주 옮김, 웅진닷컴, 2002

한 걸음 더!

한 시간 안에 진행되는 수업이어서 읽기 자료가 단편이어야 하는 한계가 있습니다. 하지만 다른 시간에라도 공동으로 읽은 장편이 있다면 활용할 수 있습니다. 예를 들어 독서 퀴즈를 위해 한 반 아이들이 《마당을 나온 암탉》과 《창가의 토토》를 읽었다면, 이 작품들로 인터뷰 수업을 할 수 있습니다. 단편에서는 볼 수 없었던 주인공의 심리 변화나 사건 전개에 따른 갈등 상황에 대해 보다 세밀하게 묻고, 작가의 의도를 파고드는 질문도 종종 나옵니다.

【자료21】 작품 속 주인공 가상 인터뷰

김 아무개와의 인터뷰

〈중학국어 1학년 2학기 교과서〉 2. 문학의 아름다움 (4) 옛이야기 가운데 〈우정의 길〉

국사봉중학교 1학년 윤정미

질문1 당신은 과거에 거뜬히 합격하였지만 '박'은 과거에 실패만 거듭하였습니다. 왜 이런 친구를 성심 성의껏 도와주지 않고 굶어 죽지 않을 정도의 양식만 주었습니까?

김 아무개 저는 그때 많은 고민을 하였습니다. 오랜 죽마고우인 친구 '박'을 풍족하게 도와주고 싶었지만 제가 풍족하게 도와주면 친구 '박'이 학업을 게을리할까 봐 걱정되었습니다. 같은 동네 사는 친구의 사정을 뻔히 아는데 안 도와줄 수도 없고, 저는 그래서 그때 진정한 우정에 대해 깊이 생각해 보았습니다. 제가 조금의 양식만 주면 박이 치사해서라도 과거에 얼른 급제할 줄 알았습니다. 하지만 그건 아니더군요!

질문2 평안도 감사가 된 당신은 이젠 아예 '박'을 도와주지 않았습니다. 그래서 '박'은 누더기 옷을 입고 노자 한 푼 없이 당신을 찾아왔는데 당신은 밥 한 그릇을 주며 돌아가라고 합니다. '박'에게 미안 하지 않았나요?

김 아무개 밥 한 그릇을 주며 돌아가라고 하였을 때 사실 눈물이 핑 돌더군요. 하지만 이번엔 '박'이 꼭 과거에 급제하길 바라며 마음을 굳게 먹었습니다. 그래서 '박'을 고생시킨 것이고요.

질문3 '박'의 가족들에게 '박'이 죽었다고 하여 초상을 치르게 합니다. 그 이유는 무엇인가요?

김 아무개 여러 가지 뜻이 있었지요. 과거에 게으름만 부리고 학업에 충실하지 못했던 옛날 '박'은 죽었다고 생각하고 '박'이 새로운 인생을 살라는 의미가 있었습니다. 또 다시 살아난 목숨이니 귀히 여겨 열심히 살라는 의미도 있었습니다.

※ 인터뷰에 응해 주셔서 감사합니다.

136 학교 도서관에서 책 읽기

【자료22】 모둠별 가상 인터뷰

김 아무개와의 인터뷰

〈중학국어 1학년 2학기 교과서〉 2. 문학의 아름다움 (4) 옛이야기 가운데 〈우정의 길〉

국사봉중학교 1학년 8반 1모둠

이 이야기에서 과거 급제한 '김'은 도움을 청하러 온 죽마고우 '박'을 문전 박대합니다. 이를 악물고 고향으로 되돌아간 '박'은 마음을 다잡고 공부하여 성공합니다. 친구의 속 깊은 마음이, '박'을 결국 바른 길로 안내했음을 보여 줍니다. 진정한 우정이란 어떤 것인가를 보여 주는 글입니다. 그럼 지금부터 '김'과의 인터뷰를 시도해 보도록 하겠습니다.

질문1 당신과 '박'은 아주 절친한 사이였습니다. 과거에 급제한 당신이 '박'을 냉정하게 대하고, 굶어 죽지 않을 정도의 양식만 준 이유가 있지요. 그 속 깊은 뜻을 말씀해 주십시오.

김 아무개 저는 그때 많은 고민을 하였습니다. 오랜 죽마고우인 친구 '박'을 당연히 과거 공부하는 데 불편함이 없도록 도와주고 싶었지만, 그러면 친구 '박'이 저에게 의지하는 마음이 생겨 학업을 게을리할까 봐 걱정되었습니다. 저는 그래서 그때 진정한 우정에 대해 깊이 생각해 보았습니다.

질문2 '박'의 가족들에게 '박'이 죽었다고 하여 초상을 치르게 합니다. 그 이유는 무엇인가요?

김 아무개 여러 가지 뜻이 있었지요. 과거에 게으름만 부리고 학업에 충실하지 못했던 옛날 '박'은 죽었다고 생각하고 '박'이 새로운 인생을 살라는 의미가 있었습니다. 또 다시 살아난 목숨이니 귀히 여겨 열심히 살라는 의미도 있었습니다.

질문3 처음에 말씀하신 진정한 우정이란 무엇이라고 생각하십니까?

김 아무개 진정한 우정이란? 무조건 내가 그 친구를 돌보는 것이 아니라 그 친구의 능력을 믿어 주고 스스로 능력을 발휘하여 자신의 길을 가도록 도와주는 것이 아닐까 싶네요. 저는 '박'이 충분히 과거에 합격할 수 있다고 생각했습니다. 어떻게 하면 그의 능력이 발휘되도록 도와줄 수 있을까 많은 고민을 하였습니다. 처음엔 다소 서운할 수 있지만 결국 그 친구가 제 마음을 알 것이라고 생각했습니다.

※ 인터뷰에 응해 주셔서 감사합니다.

17차시 작품 속 인물에게 말 걸기

수업 목표

작품 속에 등장하는 인물 가운데 갈등을 빚는 두 인물을 뽑아 질문하고 답한다.

이 수업은 다양한 관점에서 작품을 바라보게 하는 활동입니다.

사람들은 책을 읽을 때 주인공의 입장에서 생각하곤 합니다. 주인공에게 감정을 이입시켜 책을 읽으면, 작품을 있는 그대로 이해하고 감상하는 데 큰 힘이 됩니다. 그러나 자칫 주인공만 따라 작품을 읽으면 작품 전체를 보는 판단력을 잃고, 작품 속에 나타난 문제를 다양한 관점에서 살피지 못할 수도 있습니다.

이 활동에서는 작품 속에서 갈등을 빚는 두 인물을 뽑아 양쪽의 입장이 되어 생각해 볼 것입니다. 서로 다른 생각을 가진 두 인물을 집중 탐구하면서, 문제를 보는 시각을 넓히고 비판적인 독서의 세계로 들어갑니다.

수업 전개

① 20분 내에 읽을 수 있는 단편 소설 가운데 인물 간 갈등이 뚜렷하게 나타난 작품을 활용합니다.
② 등장 인물들에게 질문하고 싶은 내용을 메모하며 읽습니다.
③ 주제와 관련 있는 질문이나 지은이의 의도를 파악할 수 있는 질문 따위를 합니다.
④ 질문에 대해 인물의 입장이 되어 답합니다.

15차시와 같은 방법으로 이끕니다. 갈등을 빚는 두 사람을 택해서 2가지씩 질문을 던집니다. 글을 읽을 때 자칫 주인공의 입장에서만 생각하는 것을 넘어서기 위한 것입니다. 대립 관계에 있는 인물에게 질문을 던지고 답하다 보면, 아이들은 양쪽 모두의 입장이 되어 볼 수 있기 때문에 문제를 객관적으로 바라볼 수 있는 눈이 생기고 생각도 깊어지며, 비판적인 책 읽기도 가능해집니다.

> **활용 자료**
> · 우정의 길 작자 미상, 중학국어 1-2, 2004
> · 아빠와 큰아빠 문제아, 박기범 글, 박경진 그림, 창비, 1999
> · 잇자국 우리 누나, 오카 슈조 글, 카미야 신 그림, 김난주 옮김, 웅진닷컴, 2002

한 걸음 더!

아이들이 함께 읽은 장편 소설이나 우리 고전 작품이 있다면 활용합니다. 또 같은 주제에 대해 상반된 주장을 펴는 논설문을 읽은 뒤, 글쓴이에게 질문을 던지고 답해도 좋습니다.

18차시 모둠 발표(2)

수업 목표

앞 시간에 인터뷰한 내용을 모둠에서 토론한 뒤, 좋은 질문을 골라 공동으로 답을 마련한다.

앞 시간에 저마다 인터뷰한 내용을 바탕으로 모둠에서 토론하고, 좋은 질문을 뽑아 공동으로 답을 마련해 보는 활동입니다. 갈등하는 인물은 꼭 두 사람이어야 하거나 반드시 주인공을 포함할 필요는 없습니다. 작품 내용과 성격에 따라 다를 수 있으니까요. 다만 많은 작품이 주인공을 중심으로 짜이기 때문에 가능하면 주인공을 포함하여 질문하는 게 바람직합니다.

수업 전개

① 모둠별로 둘러앉아 앞 시간에 한 가상 인터뷰를 이야기합니다.
② 토론을 통해 좋은 질문을 2가지씩 고릅니다.
③ 질문에 대해 모둠에서 토론하고 공동의 답을 만듭니다.
④ 모둠별로 앞에 나와 발표합니다.

이 수업은 작품을 정확하게 읽고, 새롭게 해석할 수 있는 능력을 기르기 위한 것입니다. 수업 방법은 16차시 토론 수업과 같습니다. 다만 이번 차시에서는 갈등을 빚는 인물들을 고르고 질문을 던져야 하기 때문에, 어떤 인물을 선정할 것인가부터 이야기해야 합니다.

특별한 경우가 아니면, 주인공을 중심으로 주인공과 대립 관계에 있거나 갈등을 빚는 인물을 선정하면 좋습니다. 만약 주인공과 갈등을 빚는 인물이 많을 때에는, 그 가운데 가장 갈등이 심한 인물이나 독특한 관계에 놓인 사람을 택하는 것이 좋습니다.

어떤 활동이든 교사가 너무 깊

● 활용 자료
- **우정의 길** 작자 미상, 중학국어 1-2, 2004
- **아빠와 큰아빠** 문제아, 박기범 글, 박경진 그림, 창비, 1999
- **잇자국** 우리 누나, 오카 슈조 글, 카미야 신 그림, 김난주 옮김, 웅진닷컴, 2002

이 개입하는 것은 바람직하지 않습니다. 모둠원끼리 토론을 통해 결정할 수 있도록 드러나지 않게 이끌어야 합니다. 작품을 새롭게 해석해 내는 아이도 있으니, 교사는 수업 사이사이 아이들의 토론을 관심 있게 듣습니다.

한 걸음 더!

이 활동을 2시간으로 나누어 진행할 수도 있습니다. 1차시에는 토론을 통해 좋은 질문을 고르고 공동 답을 마련한 뒤, 2차시에 모둠별로 인터뷰 상황을 재연하거나 역할극으로 꾸밀 수도 있습니다.

[자료23] 갈등 인물 가상 인터뷰

〈아빠와 큰아빠〉 갈등 인물 인터뷰

관악중학교 2학년 이수영

질문1 아빠에게 : 형님께서 회사를 그만두라고 했을 때 기분이 어떠셨어요?
답 : 솔직히 화가 좀 났습니다. 나도 이제 한 집안의 가장인데 함부로 그만둘 수 있나요? 아무리 형이라도 그렇지. 오히려 그만둬도 함께 그만두고 살아도 함께 살자고 해야 하는 것 아니었을까요?

질문2 아빠에게 : 왜 공장에 있는 비닐 천막으로 옮겨 갔나요?
답 : 회사에서 '정리 해고'를 했는데, 제가 회사에서 쫓겨나게 되었고, 쫓겨난 회사 직원들은 한 순간에 실직자가 되어서 갈 곳이 없었습니다. 그래서 회사에 항의를 하기 위해 가족 모두 나와 비닐 천막에 살면서 시위를 한 것입니다.

질문3 큰아빠에게 : 왜 동생에게 한 명이 자진해서 회사를 그만두자고 했나요?
답 : 회사에서는 저와 제 동생을 한 가족으로 생각하여 한 명이 자진해서 그만두면 한 명은 다닐 수 있게 해 준다고 했습니다. 그래서 저는 정말 저와 동생 중에 한 명이라도 회사에 남아 일을 하기 원했고, 저는 형으로서 부모님도 모셔야 했기 때문에 제가 남아야 한다고 생각해서 동생에게 찾아간 것입니다.

질문4 큰아빠에게 : 동생이 말을 듣지 않았을 때 기분이 어땠나요?
답 : 좀 실망스러웠습니다. 나는 잘못하면 둘 다 쫓겨날 것 같아 한 사람이라도 남으려고 그랬던 건데. 형인 내가 남아서 부모님도 돌보고, 동생 가족도 챙겨 주는 게 좋지 않겠습니까? 그리고 동생은 아직 젊으니까 다른 데 취직도 할 수 있지만, 나는 그렇게도 못하잖아요.

[자료24] 모둠 발표

〈아빠와 큰아빠〉 갈등 인물 인터뷰

관악중학교 2학년 10반 1모둠

인터뷰 대상 : 아빠

질문1 자신은 회사를 못 다니지만 형이 다니게 되었는데 그토록 화가 난 이유는 무엇입니까?

답 : 한 명이 자진해서 회사를 그만둬야 했을 때 형은 저에게 그만두라고 했습니다. 내가 동생이니까 양보해야 마땅하지만 나도 이제 한 가정의 가장인데, 그것이 어디 쉬운 일이겠습니까? 순간적으로 화가 나는 것은 어쩔 수 없더군요. 그러나 나는 바로 이것은 형에게 화낼 일은 아니라고 생각했습니다. 그놈의 정리 해고가 문제죠. 그래서 싸우기로 결심했습니다. 그러나 나 혼자서는 힘이 없기 때문에 사수대에 참가해서 싸움을 하게 된 것입니다.

질문2 그렇게 싸운다고 문제가 해결될 것도 아닌데, 차라리 다른 직장을 찾아보는 편이 더 낫지 않았을까요?

답 : 나는 배운 것도 없고 가진 것도 없어서 다른 일자리를 구하는 것이 쉽지 않습니다. 그리고 그때 당시에는 많은 회사가 사람들을 정리 해고시키던 때라, 다른 회사에 취직한다는 것은 거의 불가능했지요. 우리도 싸우고 싶지 않았지만, 당장 먹고살 길이 없었기 때문에 어쩔 수 없었습니다.

인터뷰 대상 : 큰아빠

질문1 왜 당신은 사수대에 들어가 싸울 생각은 안 하고, 혼자서라도 회사에 남으려 했습니까? 비겁하다고 생각하지 않나요?

답 : 남들이 나를 비겁하다고 해도 어쩔 수 없습니다. 식구는 많고, 싸운다고 해서 해결될 일도 아닌데, 둘 중 하나라도 살아남아야 하지 않겠습니까? 부자들이야 저금해 둔 돈이라도 있어 몇 년이라도 버티겠지만, 그날 벌어 그날 먹어야 하는 우리 같은 노동자들은 회사에서 잘리면 당장 굶어 죽을 수밖에 없답니다. 나는 식구들이 더 중요하다고 생각했습니다.

질문2 그런데 왜 아들 윤석이가 대들었을 때 아무 말도 못했나요?

답 : 그래도 아들이 나를 비겁하게 생각하는 것은 참을 수가 없더군요. 동생을 회사에 남게 하고 내가 그만둘 수도 있었는데. 식구들을 생각해서 그랬다고는 하지만, 나의 이기심이 없었다고는 할 수 없거든요. 아들 말처럼 다 같이 다닐 수 있게 노력을 했더라면 더 좋았을 거라는 생각이 들기도 했습니다. 하지만 저는 제가 열심히 벌어서 동생네 가족까지 살리려고 했었단 말입니다.

19차시 지은이에게 말 걸기

수업 목표

주제를 생각하며 작품을 읽고, 지은이에게 궁금한 점을 묻고 답한다.

모든 글에는 주제가 있습니다. 주제란 바로 지은이가 작품을 통해 전하고자 하는 중심 생각입니다. 그러나 많은 사람들이 지은이나 주제를 의식하지 못한 채 책을 읽곤 합니다. 특히 재미있는 소설을 읽을 때에는 이야기에 빠져들어 주제조차 생각하지 못할 때도 있습니다.

글을 제대로 읽기 위해서는 우선 작품을 있는 그대로 읽고, 이를 바탕으로 나름대로 비판할 수 있어야 합니다. 글을 읽은 뒤 지은이는 왜 그 작품을 쓰게 되었는지, 왜 그 사건을 그런 인물들로 표현했는지 생각해 보는 습관을 들이면, 자연스럽게 생각하는 힘을 기를 수 있습니다.

수업 전개

① 조용한 분위기에서 모둠별로 같은 책을 읽습니다.
② 주제를 생각하며 읽습니다. 읽다가 궁금한 내용이 있으면 메모합니다.
③ 책을 읽은 뒤에는 지은이에게 꼭 던지고 싶은 질문을 3가지 만들고 스스로 답합니다.

모둠별로 같은 책을 골라 읽습니다.(활용 자료에서 추천한 세 권을 골고루 읽을 수 있게 합니다.) 교사는 아이들이 집중해서 책을 읽을 수 있게 조용한 분위기를 만들어 줍니다. 책을 읽고 나면 지은이 가상 인터뷰를 해야 하므로, 읽는 사이 묻고 싶은 내용은 메모하면서 읽습니다.

책을 다 읽고 나면 지은이에게 궁금한 질문 3가지를 만듭니다. 지은이 입장이 되어 질문 내용에 답합니다. 가끔 무성의하게 답변하는 아이들이 있는데, 동어반복을 피하고, 자기 언어

활용 자료
- **우정의 길** 작자 미상, 중학국어 1-2, 2004
- **아빠와 큰아빠** 문제아, 박기범 글, 박경진 그림, 창비, 1999
- **잇자국** 우리 누나, 오카 슈조 글, 카미야 신 그림, 김난주 옮김, 웅진닷컴, 2002

로, 3줄 이상 자세히 답을 쓰게 하면 좋습니다. 질문도 지은이의 신상에 관한 내용보다 작품과 관련해 질문할 수 있도록 이끌고, 시대상을 반영한 작품일 때는, 작품 외적인 상황과도 관련지어 질문하도록 합니다.

한 걸음 더!

만일 지은이가 우리 나라 작가이고 살아 있다면, 이 수업을 끝낸 뒤 심화 학습으로 아이들에게 저자를 직접 찾아가 보게 하거나 이메일이나 편지, 전화와 같은 방법으로 작가와 소통할 수 있게 해 주면 좋습니다. 나아가 아이들이 관심 갖는 작가를 학교에서 초청할 수 있다면, 강연회를 열어 작가와 직접 대화할 기회를 만들어 주면 더욱 좋습니다. 일상에서 지은이와 관계 맺을 때, 아이들은 책에 더욱 관심을 쏟게 됩니다.

모둠 발표(3)

수업 목표

앞 시간에 지은이를 인터뷰한 내용을 모둠에서 토론하고, 좋은 질문과 답을 공동으로 마련한다.

지은이의 의도를 파악하는 일은 작품을 이해하는 지름길입니다. 지은이가 무엇을 말하려고 그런 주인공을 설정했는지, 배경이나 사건이 주제와 어떤 관계가 있는지, 토론하면서 하나씩 짚어 보면 작품 이해에 큰 도움이 됩니다. 나아가 지은이의 의도가 작품에 제대로 표현되었는지, 지은이의 생각에 문제는 없는지에 대해서도 토론해 보면서 비판적인 사고력을 키울 수 있습니다. 작품을 깊이 있게 보게 할 뿐 아니라 비판적인 책 읽기를 가능하게 합니다.

수업 전개

① 모둠별로 둘러앉아 앞 시간에 지은이에게 묻고 답한 내용을 나눕니다.
② 모둠별로 지은이가 어떤 의도로 작품을 썼을지, 지은이의 의도가 작품에 잘 표현되었는지, 지은이의 생각은 타당한지 토론합니다.
③ 지은이에게 꼭 묻고 싶은 질문을 2가지 만들고 공동의 답을 만듭니다.
④ 모둠별로 앞에 나와 발표합니다.

모둠별로 둘러앉아 지난 시간에 지은이에게 묻고 답한 활동을 나눕니다. 지은이의 의도가 무엇인지 토론하면서 그 의도가 작품에 충분히 나타났는지 평가하고 지은이의 생각이 타당한지, 문제는 없는지 서로 의견을 나눕니다.

토론에서 정리한 생각을 바탕으로 지은이에게 꼭 던지고 싶은 질문을 2가지 만들고 공동의 답안을 마련한 뒤 모둠별로 발표합니다.

한 시간으로 충분한 토론이 이루어지기는 어렵지만, 이런 과정을 거

●◆ 활용 자료

· **우정의 길** 작자 미상, 중학국어 1-2, 2004
· **아빠와 큰아빠** 문제아, 박기범 글, 박경진 그림, 창비, 1999
· **잇자국** 우리 누나, 오카 슈조 글, 카미야 신 그림, 김난주 옮김, 웅진닷컴, 2002

치면서 아이들은 작품을 어떻게 읽어야 하는지, 드러난 의미뿐만 아니라 감춰진 의미까지도 들여다볼 수 있는 눈을 키울 수 있습니다. 이렇게 얻은 생각과 느낌은 좀더 깊이 내면에 뿌리내려서, 아이들의 생각과 마음도 함께 키워 줄 것입니다.

한 걸음 더!

모둠 토론 내용을 발표할 때 다양한 방식으로 할 수 있습니다. 저자를 직접 찾아가 인터뷰한 내용을 영상에 담을 수도 있고, 작품의 시대 상황과 사회 배경을 담은 의상과 소품을 준비하여 간단한 역할극으로 꾸밀 수도 있습니다. 혹은 저자의 의도가 작품에 얼마나 잘 나타났는지, 또 그 의도는 타당한지를 모의 재판으로 발표하는 방법도 있습니다. 시간이 넉넉하고 교사가 적절하게 자극해 준다면, 발표 방법은 아이들 스스로 무한하게 개발합니다.

[자료25] 지은이 가상 인터뷰

〈잇자국〉 지은이 인터뷰

관악중학교 2학년 박유미

질문1 '나'가 정직하게 말하지 않게 한 이유는 무엇입니까?

답 : 실제로 대부분의 사람들이 그런 경우에 그런 식의 반응을 보이기 때문입니다. 나는 교훈을 주기 위해 너무 뻔한 결론을 짓고 싶지 않았습니다. 그러나 '나'는 그 순간에는 거짓말을 했지만, 아마도 그랬기 때문에 평생 정직하지 못했던 것을 후회하겠지요. 독자들도 작품이 이렇게 끝났을 때 더 느끼는 게 많을 거라고 생각했습니다. 장애인과 함께하지 못하고 이방인 취급을 할 때 우리 마음에는 더 큰 짐이 지워질 것임을 말하고 싶었습니다.

질문2 제목 '잇자국'의 의미는 무엇입니까?

답 : 표면적으로 보자면 장애 아이의 분노를 표출한 것입니다. 괴롭힘을 당하다가 더 이상 참을 수 없어서 한 저항이지요. 하지만 마지막에 '나'의 말처럼 '나'와 이치로에게는 마음의 잇자국입니다. 물론 시게루는 몸과 마음 모두에 잇자국이 났지요. 장애인에게 준 고통이 자신의 마음에 상처로 남은 것입니다. 그래서 잇자국은 몸과 마음의 상처입니다.

질문3 선생님은 실제로 오랫동안 특수학교 선생님을 하신 걸로 알고 있습니다. 제일 힘든 때는 언제였나요?

답 : 〈잇자국〉에서와 같이, 특수학교 아이들이 아무런 잘못을 하지 않아도 일반학교 아이들이 죄를 덮어씌우고, 또 사람들이 그 아이들 말을 믿고서 장애 아이들을 믿어 주지 않을 때가 가장 마음이 아팠습니다. 내가 그들의 선생님인데도 난 그 아이들이 억울하게 당하는 것을 보고 있을 수밖에 없었지요. 내가 할 수 있는 일이라고는 우리 아이들을 힘껏 끌어안아 주는 일밖에 없었습니다.

[자료26] 모둠별 지은이 인터뷰

〈잇자국〉 지은이 인터뷰

관악중학교 2학년 9반 4모둠

질문1 오카 슈조 선생님. 저는 이 책을 읽을 때, 장애아를 괴롭히고, 시게루의 다리를 물고, '내'가 울다시피 이치로의 뒤를 쫓아간 데까지 읽었을 때, '이렇게 간단하단 말이지, 그렇다면 끝에는 장애아를 괴롭힌 세 명의 아이가 벌을 받게 되겠군.'이라고 생각했답니다. 그런데 결말은 전혀 그렇지 않더군요. 왜 그렇게 결말을 지으신 거죠?

[지은이 답변1] 독자에게 권선징악의 교훈이라든가 통쾌함을 느끼게 하기 위해서는 이 이야기를 이렇게 끝내면 안 되었겠지. 그래도 나는 이렇게 해야 한다고 생각했어. 왜 그랬냐고? 내가 답을 하기 전에 네가 왜 그렇게 했을지에 대한 답부터 한번 말해 보렴.

[질문자 답변1] 오잉? 제가 물었는데 왜 제가 답을 해야 하죠? 그래도 원하신다면, 제 생각을 말씀드리죠. 평범한 가정에서 그저 평범하게 살아온 보통 사람들은, 장애아와 보통 아이의 말 가운데 보통 아이의 손을 들어 주죠. 그저 단지 어느 한 가지가 부족하다는 이유만으로, 자신은 얼마나 완벽해서 그러는지 장애인을 자신과 다른 존재로 치부해 버린답니다. 장애인이라는 약자가 단지 장애인이라 불리는 이름만으로 패자가 되어 상처를 받는 경우가 잦은 것이 사회 현실이라는 것을 가르쳐 주고 싶었던 것이겠죠. 우리같이 평범한 사람들에게요.

[지은이 답변2] 네 말도 맞아. 그러나 그것이 전부는 아니란다. 나는 '나'의 마음 깊은 곳의 진실을 통해 이 글을 읽는 사람들의 깊은 양심을 건드려 보고 싶었던 거야. '나'는 그 순간에는 거짓말을 하고 위기를 모면했지. 하지만 그 아이는 시간이 흐를수록 양심의 고통을 겪게 되지. 나는 이렇게 하는 것이 사실에 가깝고, 또 그렇기 때문에 사람들이 한 번이라도 더 이 문제를 진지하게 생각해 볼 거라고 생각했단다. 너무도 자신과 흡사한 것 같아 아마도 읽는 독자들이 놀라지 않았을까?

질문2 그런데요, 〈잇자국〉의 서술자 '나' 말예요. 그 아이는 초등학교 때 그 일을 겪고 중학생이 된 지금도 다리를 저는 아이만 보면 도망가고 싶다고 했잖아요. 그 아이가 만일 진심으로 양심의 가책을 느꼈다면 도망갈 것이 아니라 도와줘야 하는 것 아닌가요?

[답변] 뭘 도와주는데? 다리를 저는 아이라고 무조건 도와주는 것은 좋지 않단다. 그 아이는 단지 다리를 절 뿐이고, 그 아이가 누구에게 도움을 요청한 적도 없는데, 뭘 도와주지? 그리고, '나'가 도망가고 싶다고 말한 것은 그 아이의 진실한 마음이란다. 이 아이가 중학생이 되었다고는 하지만, 아직도 어리긴 어리잖아. 아마도 몇 년은 더 도망 다닐지도 모르지. 그러나 아마도 이 아이는 장애 아이를 더 이상 괴롭히지는 않을 것 같구나. 그리고 아마도 이 아이는 만일 어떤 장애인이 도움을 청한다면 도움을 줄 것 같지 않니? 이 아이가 도망가고 싶어하는 것은 양심이 살아 있다는 증거인 셈이거든.

질문3 오카 슈조 선생님, 이건 정말 질문드리기 곤란한 건데요. 그래도 너무 궁금하니까 여쭤 볼게요. 만일에 선생님의 아이가 장애인이라면 선생님은 어떻게 하실 건가요?

[답변] 대체 궁금한 것이 뭐지? 내 아이가 장애인이라면 어떻게 하다니? 당연히 잘 키워야 하지 않겠니? 사람들은 알고 보면 모두 한 가지씩 정도는 다 장애가 있단다. 세상에 완전한 사람이 어디 있어? 멀쩡한 신체를 가지고서 걸음을 제대로 못 걷는 장애 아이들을 괴롭히는 아이들 말이야, 그 아이야말로 진짜 장애인이 아닐까? 나는 우리 아이가 장애인이라면 더욱 애정을 기울여 키울 것 같구나.

21차시 독서 퀴즈대회

수업 목표

독서 퀴즈대회를 열어 독서수업에 흥미를 느끼고, 단편뿐 아니라 중·장편 작품도 읽는다.

독서수업 활동은 대체로 정적인 활동이고, 집중력을 요구합니다. 그렇기에 학습 능력이 부족한 아이들은 물론, 뛰어난 아이들도 자칫 따분함을 느낄 수 있습니다. 사이사이 새로운 방법으로 분위기를 바꾸어 수업에 활기를 불어넣는 게 좋겠지요.

지금까지는 시간 제약으로 단편 소설 외에는 읽기 자료를 선택하기가 힘들었습니다. 그러나 독서 퀴즈대회처럼 준비 기간이 넉넉한 활동은 아이들이 시간에 쫓기지 않고 읽을 수 있어서 중·장편 책들도 활용할 수 있습니다. 그동안 읽지 못한 좋은 책들을 정하여 읽게 하고 수업을 축제처럼 진행하면 유익함과 즐거움을 동시에 얻을 수 있습니다. 수업 시간에 실시하는 퀴즈대회는 개인보다는 모둠별로 진행할 때 아이들의 호응이 높을 뿐 아니라 흥겹고 활기찹니다.

수업 전개

모둠별 독서 퀴즈대회로 진행

① 대회 일주일 전 모둠을 구성하고 모둠원끼리 협조하여 대회를 준비합니다. 5~6모둠이 적당합니다.
② 함께 푸는 문제와 혼자 푸는 문제, 단답형과 선택형, O×형, 서술형과 같이 다양하게 출제합니다.
③ 모둠별로 화이트보드와 보드마커, 지우개를 나누어 줍니다.
④ 칠판에 문제 번호와 모둠을 미리 적어 둡니다.
⑤ 점수는 문제마다 배점을 달리합니다. 예를 들어 1~4번까지는 5점, 5~8번까지는 10점, 9~12번까지는 15점, 13번은 30점과 같이 합니다.
⑥ 교사는 차례대로 문제를 불러 주고 아이들은 풉니다. 결과는 바로바로 칠판에 씁니다.
⑦ 문제 풀이를 마치고 평가하며 마무리합니다.

독서 퀴즈대회 날 교실은 축제 분위기가 됩니다. 특히 먹을 것을 상품으로 내세웠을 때에는 더욱 들뜹니다. 아이들은 화이트보드를 받자마자 〈도전, 골든벨〉 프로그램을 흉내라도 내듯, 보드 주위를 각종 선전 구호와 문양으로 꾸미기 바쁩니다. 진행자는 그 분위기를 그대로 살리면서 질서를 유지시킵니다.

문제를 설명할 때에는 큰 목소리로 또박또박 읽습니다. 문제 풀 사람을 정할 때도, 모둠원 가운데 코가 제일 높은 사람, 제일 잘생겼다고 생각하는 사람을 일어나게 하는 등 즐겁게 참여할 수 있게 이끕니다.

문제는 책을 읽었는지 확인하는 수준으로 출제하되, 두세 문제는 어렵게 냅니다. 배점도 몇 문제씩 묶어 점점 높게 주면 좋은데, 못하는 모둠도 끝까지 희망을 잃지 않고 참여할 수 있기 때문에 효과적입니다. 마지막 문제는 모둠원이 머리를 맞대고 함께 풀 수 있는 문제를 냅니다. 45분 동안에 풀기에는 11~13문제가 적절합니다. 수업 끝나기 3분 전에는 문제 풀이를 모두 마치고, 남은 시간에 평가하고 교실을 정리합니다. 대회인 만큼 순위를 정해 수행평가 점수에 반영하거나 알맞은 상품을 주는 것도 좋습니다.

● 활용 자료

1학기 독서 퀴즈대회 지정 도서
: 민족 분단 문제 토론 수업 참고 도서
- **문수의 비밀** 배선자 글, 김재홍 그림, 채우리, 2002
- **그리운 매화향기** 장주식 글, 김병하 그림, 한겨레신문사, 2001
- **상처 입은 세기의 거장 윤이상** 최지숙 글, 정수영 그림, 교학사, 2000
- **DMZ** 박상연 지음, 민음사, 1997
- **GO** 가네시로 카즈키 지음, 김난주 옮김, 북폴리오, 2003

2학기 독서 퀴즈대회 지정 도서
- **마당을 나온 암탉** 황선미 글, 김환영 그림, 사계절, 2002
- **그리운 매화향기** 장주식 글, 김병하 그림, 한겨레신문사, 2001
- **다영이의 이슬람 여행** 정다영 지음, 창비, 2003
- **나무를 심은 사람** 장 지오노 지음, 김경온 옮김, 두레, 1995
- **자전거 도둑** 국어시간에 소설 읽기2, 박완서 지음, 나라말, 2001
- **아빠와 큰아빠** 문제아, 박기범 글, 박경진 그림, 창비, 1999

한 걸음 더!

- 학기마다 전교생을 대상으로 할 수 있습니다. 이때 한 달 전에 미리 지정 도서를 알려 줍니다.
- 독서 퀴즈대회는 독서수업뿐 아니라, 학급 활동 시간이나 교과 시간에도 활용할 수 있습니다. 담임 교사가 아이들에게 좋은 책을 읽히고 싶으면, 몇몇 책을 정해 주고 일정 기간 읽게 한 뒤, 개인이나 모둠별로 대회를 치르면 좋습니다. 교과 시간에도 단원 내용을 심화 학습으로 이어 가고 싶을 때, 단원과 관련된 참고도서를 읽은 뒤 퀴즈대회를 열면, 내용 이해에 도움이 되고 재미도 있어 수업에 활력이 생깁니다.

[자료27] 독서 퀴즈대회 문제

○○○○년 ○학기 독서 퀴즈대회

1. 난용종 암탉 '잎싹'의 소원은? (   )

   ① 굵고 튼튼한 알을 낳는 것
   ② 알을 품어 병아리를 탄생시키는 것
   ③ 주인 부부에게서 사랑을 독차지하는 것
   ④ 부드럽고 기름진 깃털을 갖는 것
   ⑤ 수탉에게 사랑을 받는 것

2. 고대 이집트 왕의 명칭은?
   (   )

3. 엘제아르 부피에는 하루에 도토리를 몇 개씩 심었나?
   (   )

4. 〈자전거 도둑〉에서 '수남이'가 서울에 와서 갖게 된 직업은?
   (   )

5. 나그네는 '잎싹'에게 알이 부화되면 마당으로 가지 말고 어디로 가라고 했는가?
   (   )

6. 〈아빠와 큰아빠〉에서 아빠와 큰아빠의 불화의 단서가 된 것은 무엇인가?
   (   )

7. '수남이'에게 승용차 주인 아저씨가 요구한 돈은 얼마인가?
   (   )

8. 이슬람에서는 일부다처제를 허용하고 있다. 이것은 무하마드의 제시에 의해 처음 시작되었는데, 그가 이런 제도를 도입하게 된 이유로 가장 알맞은 것은 무엇인가? ( )

　① 유대민족보다 자손을 더 번창시켜 전쟁을 성공적으로 이끌기 위해
　② 돈과 권력을 가진 사람들을 자기편으로 끌어들이기 위해
　③ 이슬람교는 남성 우월주의를 표방하고 있으며, 남성의 성적 욕망을 당연하게 여기기 때문에
　④ 전쟁으로 고아와 미망인이 속출하게 되자 그들을 구제하기 위해

9. 〈아빠와 큰아빠〉의 시점은?
　(　　　　　　　　　　　)

10. ○×문제입니다. 엘제아르 부피에는 1차 세계대전이 한창이던 1917년에 잠시 나무 심는 일을 멈춘 적이 있다. (　　　)

11. '잎싹'이 뒤늦게 발견한 또 하나의 소망은 무엇이었나?
　(　　　　　　　　　　　)

12. 다음은 연상 퀴즈입니다. 답을 알면 재빨리 화이트보드를 올려 주세요. 먼저 맞히는 순서대로 점수를 더 많이 주겠습니다.

> 다영이, 미국, 황량, 분쟁, 시오니즘, 회색빛 눈물, 분노, 피에 물든 잿빛 손수건, 웨스트뱅크, 가자지구

13. 〈나무를 심은 사람〉의 주인공에게 꼭 하고 싶은 질문은?

퀴즈정답 1. ② 2. 파라오 3. 100개 4. 전기용품 가게 점원 5. 저수지 6. 정리 해고 7. 5천 원 8. ④ 9. 1인칭 관찰자 시점 10. × 11. 날고 싶다는 것 12. 팔레스타인 13. 서술자가 아닌 주인공에게 질문을 던져야 합니다. 즉, 여행자인 '나'에게가 아니라 나무를 심은 '노인'에게 묻는 질문이어야 점수를 줄 수 있습니다. 질문 가운데 핵심을 찌르거나 창의적인 질문에 높은 점수를 줍니다.

그림을 꿈꾸며

낱말 찾기를 한다

사랑, 우정, 꿈, 변신 같은 흔한 단어를 찾으며
우리 집, 터방네, 성당, 놀이터 같은 흔한 단어만을 떠올리며
사람, 동물, 기계, 시계 같은 흔한 단어밖에 모르면서

그래도
길을 닦고
집을 짓고
풍선도 달고
마침내 풍경을 만들고
동물도 만들고
인간도 만들고
새로운 인간을 만들고

그렇게 꿈이 있는 그림을 그린다

04

단계

분석하며 책 읽기

22차시 _ 2학기 독서 계획 세우기
23차시 _ 의미 지도 만들기
24차시 _ 구조표 만들기
25차시 _ 인물 분석하기(1)
26차시 _ 인물 분석하기(2)
27차시 _ 벤다이어그램 작성하기(1)
28차시 _ 벤다이어그램 작성하기(2)

2학기 독서 계획 세우기

수업 목표

1학기에 세운 독서 계획을 돌아보며, 부족한 점을 보충하여 2학기 독서 계획을 세운다.

1학기에 세운 독서 계획을 바탕으로 활동을 평가한 뒤, 2학기에는 좀더 알찬 독서활동이 이루어질 수 있도록 보충합니다. 1학기에 계획대로 실천한 사람은 좀더 난이도를 높여 책을 정하고 부족한 분야를 보충하여 계획합니다. 반면 1학기 계획을 실천하지 못한 사람은 원인을 파악한 뒤, 알맞는 계획을 세울 수 있도록 도와줍니다.

계획만 잘 세웠다고 책을 잘 읽게 되는 것은 아닙니다. 그러나 계획을 세우며 책에 관심을 갖고 계획대로 책을 읽다 보면, 체계적으로 독서를 할 수 있고 책을 고르는 눈도 생깁니다.

수업 전개

① 1학기에 세운 독서 계획 목표를 달성한 사람은 난이도를 높여 책을 정합니다.
② 1학기에 읽으려고 했으나 읽지 못한 책은 다시 한 번 계획에 넣고, 다양한 분야의 책을 읽을 수 있도록 고르게 정합니다.
③ 도서관에 있는 책을 바탕으로 계획하고, 대출 계획도 꼼꼼하게 세웁니다.

◆◆ 활용 자료
2학기 독서 계획표
(【자료28】 참조)

우선 지난 학기에 세운 독서 계획을 되돌아보면서 실천으로 옮긴 부분과 옮기지 못한 부분을 꼼꼼하게 살핍니다. 점검이 끝난 뒤 계획대로 실천한 사람은 발표하고, 실천하지 못한 사람은 원인을 살핍니다.

독서 계획을 세울 때는 도서관에서 직접 책을 찾아보면서 자기 수준과 흥미에 맞는 책을 고르고, 한 영역에만 치우치지 않도록 합니다. 대하 소설을 비롯한 연작이나 만화, 판타지 소설은 권수가 많더라도 한 권으로 본다는 원칙을 따릅니다.

교사는 아이들이 1학기에 세운 독서 계획표를 함께 살피면서, 2학기 독서 계획이 무리하지는 않은지, 읽고자 하는 책이 특정한 분야로 치우쳐 있지는 않은지 조언해 줍니다. 어떤 책을 읽어야 할지 모르는 아이들에게는 아이 수준에 맞는 책을 추천해 줍니다.

계획을 세우고 나면 언제 읽을지 대출 계획도 세우게 합니다.

한 걸음 더!

독서 계획을 세울 때 몇몇 기준을 제시할 수도 있습니다. 예를 들면 시 수업을 중심으로 2학기 수업이 계획되어 있다면 독서 계획에 시집을 1권 이상 넣도록 합니다. 마찬가지로 인권이나 환경 문제를 중심으로 수업이 계획되어 있다면, 이와 관련된 책을 선택하도록 이끄는 것도 좋습니다.

[자료28] 2학기 독서 계획표

2학기 독서 계획표

여러분은 3월에 1학기 독서 계획을 세워 꾸준히 독서를 해 왔지요? 그러나 이런저런 이유로 계획대로 실천하지 못한 학생도 있을 겁니다. 1학기에 세운 독서 계획을 점검하며 2학기 독서 계획을 세워 봅시다. 학기 초에 계획한 책을 모두 읽었다면 좀더 수준이 높은 책을 골라 분야별로 적고, 1학기 때 미처 읽지 못한 책이 있다면 다시 읽을 계획도 세워 봅시다. 1학기 동안 많은 책을 읽어 독서 능력이 길러졌다고 생각하는 사람은 탐구하고 싶은 주제나 영역을 정해 그 분야의 책으로 독서 계획을 세우고 나중에 탐구 보고서를 쓰는 것도 좋습니다.

1. 9~2월까지 읽고 싶은 책 10종 이상 정하기

번호	분야	책 이름	지은이	읽을 날	비고
1					000~300 가운데
2					400~600 가운데
3					700~800 가운데
4					900 가운데
5					
6					
7					
8					
9					
10					
11					
12					
13					
14					
15					

2. 독서 시간 정하기

1) 언제 읽을까?(하루 중 읽을 시간)
2) 어디서 읽을까?(주로 읽을 장소)

〈참고〉 ★ 시리즈는 1종 00권으로 합니다. 예 《삼국지》 1~10권까지 읽는다면 1종 10권.
★ 자세한 계획을 세운 뒤 꼭 확인 받습니다.

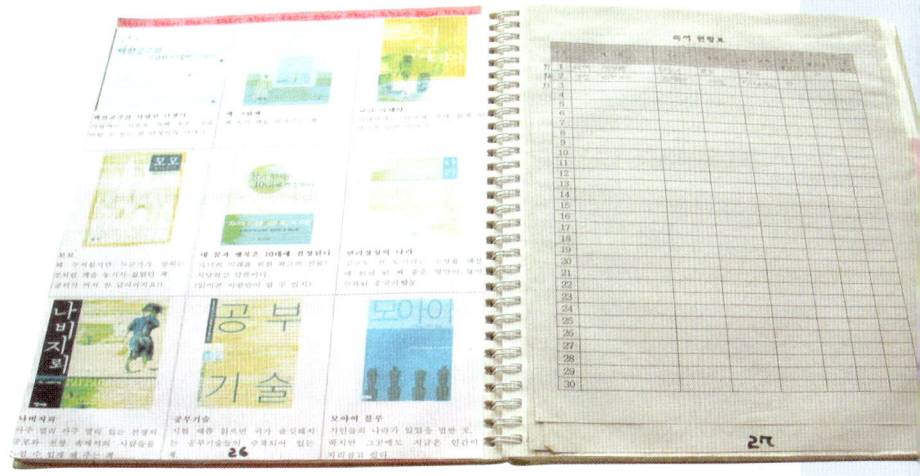

23차시 의미 지도 만들기

수업 목표

의미 지도를 만들며 내용을 분석한다.

분석적으로 책을 읽으며 핵심 낱말을 찾아 의미 지도를 만드는 활동입니다. 분석력을 기르는 기본 단계로 작품 전체를 대표할 만한 핵심 낱말을 찾고, 연관된 다른 낱말들을 이으며, 마인드맵을 합니다. 소설을 분석하다 보면, 창의성을 자연스럽게 끌어낼 수 있습니다. 아이들은 처음에는 단순하게 표현하지만 거듭하다 보면 쉽게 낱말을 찾고 다양하게 나타냅니다.

수업 전개

① 보기를 들어 의미 지도 만드는 방법을 설명합니다.
② 의미 지도 학습지를 나누어 주고, 핵심 낱말을 고민하여 책을 읽게 합니다.
③ 핵심 낱말이라고 생각하는 단어들을 공책에 쓰고, 가지치기하면서 의미 지도를 만듭니다.
④ 핵심 낱말을 잘못 찾았거나 어려워하는 아이들에게는 중요한 낱말을 알려 줍니다.
⑤ 좋은 작품은 특별실이나 복도에 전시합니다.

의미 지도 만들기는 생각을 넓고 깊게 하도록 도와주는 창의적인 학습 활동입니다. 처음에는 활동이 좀 더디지만 익숙해지면 자기 생각으로 이야기를 정리하기 때문에 창의성이 개발됩니다.

의미 지도를 만드는 데 필요한 크레파스나 색연필을 준비합니다. 모둠별로 필요한 준비물을 교사가 준비하여 나눠 주어도 좋습니다. 본보기를 보여 주며 의미 지도 만드는 방법을 설명합니다. 보기 작품을 미처 마련하지 못했다면 인터넷 자료를 활용할 수도 있습니다.

의미 지도를 만들 때는 처음부터 완벽하게 그리려 하지 말고, 자유롭게 자기 생각을 나타낼 수 있도록 이끌어야 합니다. 그러다 보면 아이들은 자연스럽게 더 나은 생각으로 나아갑니다.

의미 지도 만들기에서 가장 중요한 것은 작품을 대표할 수 있는 핵심 낱말을 찾는 것입니다. 핵심 낱말은 내용을 이해하는 징검다리와 같아서 내용 파악이 빠를수록 잘 찾을 수 있습니다.

핵심 낱말을 찾는 방법에는 사건을 중심으로 찾는 방법과 인물을 중심으로 찾는 방법이 있습니다. 보통 내용을 잘 이해하는 아이일수록 사건을 중심으로 찾고, 쉽게 접근하려는 아이일수록 등장 인물을 중심으로 찾는 경향이 있습니다. 어느 쪽이 더 바람직하다고는 할 수 없으니 제한할 필요는 없습니다.

이 수업은 아이들이 즐겁게 의미 지도를 만들며 알게 모르게 내용을 분석할 수 있게 하는 만큼, 조금 산만하더라도 수업 진행에 큰 지장이 없다면 왁자지껄한 분위기도 좋습니다.

> **활용 자료**
> - 들판에서 이강백 희곡선집6, 이강백, 평민사, 1999
> - 박씨전 중학국어 3-2, 교육부, 1983
> - 【자료29】 의미 지도 만들기

한 걸음 더!

- 뒤에 나오는 〈구조표 만들기〉 〈벤다이어그램 작성하기〉 수업과 연계해서 특정한 책을 골라 할 수 있습니다. 2학년 2학기 국어 교과서 3단원 '문학의 표현'에서 〈들판에서〉 작품으로 〈의미 지도 만들기〉를 하였는데, 내용이 추상적이어서 그림을 그리면서 이해하는 수업 방식이 적절했습니다.
- 의미 지도 만들기는 내용 파악을 쉽게 할 수 있도록 도와주는 활동인 만큼 소설뿐 아니라 논설문, 설명문을 요약할 때도 유용합니다. 수학, 사회, 과학 등 과목에 관계없이 내용을 정리하고 예습·복습, 책 읽고 요약하기에 활용할 수 있습니다.
- 좋은 작품은 모아서 학교 도서관 행사나 학교 축제 때 전시할 수 있습니다.
- 의미 지도 만들기에 3시간을 할애하여 연구수업으로 운용할 수도 있습니다. 이 경우 1차시에는 의미 지도 만들기에 대해 연습하고, 2차시에는 의미 지도를 만들고, 3차시에는 아이들이 만든 작품을 평가합니다. 평가할 때는 명확한 평가 기준을 제시하고 켄트지에 그려 모든 아이들이 보고 평가할 수 있도록 합니다.

[자료29] 의미 지도 만들기

가. 의미 지도 만들기 규칙
① 흰 종이와 색사인펜, 색연필을 준비한다.
② 풍경화를 그릴 때처럼 종이 전면을 자유롭게 활용한다.
③ 종이 중앙에 나타내고자 하는 핵심 주제를 그린다.
④ 핵심 주제에서 가지를 하나씩 뻗어 나간다.

나. 의미 지도 만드는 방법
① 중심 이미지(핵심 주제) 찾아 기본 틀 그리기
- 주제 선택하기
- 핵심 낱말 쓰기
- 다양한 방식으로 이미지 나타내기

② 주가지(주제) 그리기
- 굵은 가지로 나타내기
- 주제별로 가지 위에 핵심 낱말(한 단어) 쓰기(또는 그림으로 나타내기)

③ 부가지(부주제) 그리기
- 주제에서 뻗어 나간 부주제 가지 그리기
- 앞 가지를 명확하게 하거나 상세하게 나타내기

④ 잔가지 그리기
- 부주제를 더욱 상세하게 그리기
- 부주제 가지에 좀더 세세한 정보 넣기
- 그림과 글자 섞어 그리기

⑤ 의미 지도 정리하기
- 핵심 내용이 고루 들어가 있는지 확인하기
- 가지 뻗기가 제대로 되었는지 확인하기
- 덧붙이거나 생략할 내용은 없는지 확인하기

[자료30]   아이들이 만든 의미 지도

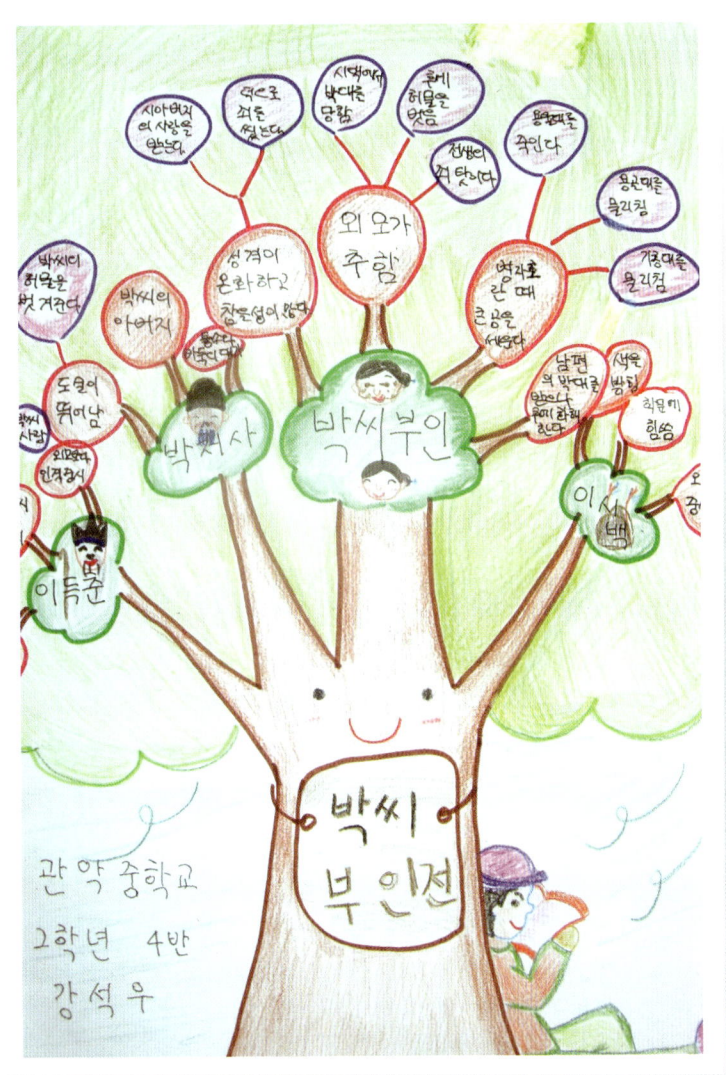

24차시 구조표 만들기

수업 목표

주요 사건을 중심으로 구조표를 만들고 분석한다.

주요 사건을 중심으로 내용을 파악하면서 분석력을 기르는 것이 목적입니다. 대부분의 작품은 주요 사건을 중심으로 내용이 전개되고, 인물 갈등도 빚어집니다. 무엇을 가장 주요한 사건으로 보느냐에 따라 주제와 주인공을 달리 해석할 수 있습니다.

구조표를 만들 때는 아이들에게 미리 구조표 모형을 나눠 주고 그 틀에 맞춰 작품을 분석하도록 하면 주요 사건의 흐름과 인물의 갈등 요소를 쉽게 파악할 수 있습니다.

수업 전개

① 구조표를 설명하고, 소설 구성 단계와 갈등 요소, 인물, 사건, 배경을 생각하며 책을 읽게 합니다.
② 아이들이 책을 다 읽으면 교사가 학습지를 나누어 주고 완성하게 합니다.
③ 완성된 구조표를 보며 첨삭 지도한 뒤, 잘된 작품은 1~2명 정도 발표하도록 합니다.

책을 읽을 때 간단히 메모하며 읽도록 권합니다. 내용 파악에 어려움이 있는 아이들에게 더욱 좋습니다.

참고 자료를 활용하여 구조표 만드는 방법을 설명합니다. 소설의 경우에는 구성 단계를 먼저 간략하게 이야기해 주는 것도 좋습니다.

- 발단 : 인물이나 배경 소개
- 전개 : 사건의 실마리
- 위기 : 갈등 심화
- 절정 : 갈등 최고조
- 결말 : 갈등 해소

구조표는 기본 모형을 사용합니다.(세로 : 작품 구성 단계, 가로 : 중심 내용, 갈등 요소, 인물, 배경)
이 수업에서 활용한 김동인의 〈감자〉는 한 인간이 환경으로 인해 어떻게 몰락하는지 잘 보여 주는 작품입니다. 처음에는 도덕적으로 살아가려고 하나 살아남기 위해 양심을 내팽개치고, 비도덕적으로 살다가 더욱 잔인하게 세상을 살아가는 다른 인간에 의해 죽음을 당하는 것을 보여 주고 있습니다. 이 수업에서는 갈등 요소가 뚜렷하게 드러난 작품을 추천합니다.
구조표를 다 만들면 모둠별로 정답을 나눠 준 뒤, 스스로 확인하게 합니다. 교사는 첨삭 지도하면서 잘된 작품은 눈여겨봐 두었다가 발표하게 합니다.

●◆ 활용 자료
- **감자** 김동인 지음, 문학과지성사, 2004
- **목걸이** 기드 모파상 지음, 김용훈 옮김, 신원문화사, 2001
- **[자료31] 구조표 학습지**

한 걸음 더!

- 논설문은 서론, 본론, 결론으로 나누어 표로 정리하고, 시는 3단 구성(처음, 중간, 끝)이나 4단 구성(기, 승, 전, 결)으로 나누어 구조표를 만들 수 있습니다.
- 구조표에 들어갈 구성 요소는 작품에 따라 창의적으로 활용합니다.

【자료31】 구조표 학습지

구조표 만들기

학년   반   번   이름 _____

1. 제목 :
2. 지은이 :

3. 주요 사건을 중심으로 소설 구성 단계에 따라 구조표 만들기

단계	중심 내용	갈등 요소	인물	기타
발단				
전개				
위기				
절정				
결말				

[자료32] 아이들이 만든 구조표

구조표 만들기

중대부속중학교 2학년 이은영

1. 제목 : 감자
2. 지은이 : 김동인

3. 주요 사건을 중심으로 소설 구성 단계에 따라 구조표 만들기

단계	중심 내용	갈등 요소	인물	기타
발단	가난하지만 정직한 농가에서 규칙 있게 자란 복녀는 80원에 팔려 무능한 영감과 결혼하고 이농 생활을 하다가 평양 칠성문 밖 빈민굴에서 살게 된다.	남편의 무능함	복녀의 남편	
전개	빈민 구제의 방법으로 송충이 잡기를 하게 되었는데, 그곳에서 일도 안 하고 더 많은 돈을 받는 여자를 보고서 복녀도 점차 타락하기 시작한다.	가난	복녀 감독 일을 하지 않고 더 많은 돈을 받는 여자	
위기	고구마를 도둑질하다 주인인 왕서방에게 들켜 왕서방에게 몸을 팔며 생활한다. 왕서방이 젊은 처녀를 마누라로 사오자 질투한다.	왕서방이 젊은 처녀를 데려옴	복녀 왕서방 젊은 처녀	
절정	복녀가 왕서방의 신방에 들어가 왕서방에게 가자고 하지만 말을 듣지 않자, 복녀는 가져온 낫을 휘두르며 위협하다가 도리어 죽임을 당한다.	복녀의 질투	복녀 왕서방	
결말	복녀의 죽음을 둘러싸고 복녀의 남편과 한의사, 왕서방 사이에 부정한 돈 거래가 오가고 복녀를 공동묘지에 묻는다.	복녀의 죽음	복녀의 남편 왕서방 한의사	

25·26차시 인물 분석하기

수업 목표

책을 읽고 등장 인물을 찾아 비교·대조하며 분석한다.

누군가를 만난다는 것은 매우 낯선 행위입니다. 그 존재가 소설 속 인물이라면 더욱 어색하고 막연할 수도 있습니다. 작품 속에서 등장 인물을 묘사한 내용을 찾아 읽으며 소설 속 인물들을 만나 봅시다. 작품 속에 나오는 인물을 살아 있는 생명체로 되살리는 일은 읽는이의 몫입니다.

25~26차시는 책을 읽고 인물을 분석하는 수업입니다. 인물 분석은 새로운 인물을 창조하는 중요한 활동입니다. 인물 분석을 하는 까닭은 작가가 등장 인물을 통해 자기 생각을 드러내기 때문입니다. 작가가 그린 긍정적인 인물과 부정적인 인물을 대조해 보면서, 작가가 말하고자 하는 바를 알 수 있습니다.

수업 전개

25차시

① 작품 속에서 대립하는 두 인물을 찾고 특성을 생각하며 읽습니다.
② 등장 인물들의 공통점과 차이점을 찾아봅니다.
③ 등장 인물들의 특성에 비추어 주제가 어떻게 표현되는지 생각합니다.

26차시

① 앞 시간에 읽은 내용에 대해 간단하게 질문합니다.
② 인물의 의미를 설명합니다.
③ 등장 인물 가운데 대립하는 두 사람을 선택하여 나이, 외모, 성격 따위의 차이점을 메모합니다.
④ 인물 분석이 잘된 작품은 발표합니다.

25차시에 책을 읽은 뒤 다음 시간에 인물 분석을 할 것임을 알려 줍니다. 무작정 책을 읽는 것도 좋지만 목적의식을 갖고 책을 읽는 것이 내용을 좀더 자세히 들여다보고 인물을 분석하는 데 도움이 됩니다.

26차시에는 아이들이 앞 시간에 읽은 내용에 대해 묻습니다. 등장 인물은 누구누구인지, 무슨 사건이 일어났는지, 앞 시간에 읽은 내용을 확인합니다.

소설 속에서 등장 인물은 사건을 일으키고 진행하는 중요한 요소입니다. 작가는 인물의 생각과 행동, 인물 간 갈등을 통해 주제를 나타내기도 합니다. 그러므로 인물을 분석하는 것은 주제를 파악하는 일임을 설명합니다. 또한 소설에 등장하는 인물은 시대를 반영하는 인물인 동시에 시대를 적극적으로 창조해 가는 인물이라는 점도 덧붙입니다. 소설의 중요 기능 가운데 하나는 인간 존재를 탐구하여 인생이 무엇인지를 발견하게 하는 것이기도 하니까요.

인물 분석을 할 때는 두 명의 대조적인 인물을 택하여 특성을 적고 비교합니다. 책을 읽으면서 인물들의 특징을 메모했다가 정리하는 것이 좋습니다.

●◆ 활용 자료
- **감자** 김동인 지음, 문학과지성사, 2004
- **목걸이** 기 드 모파상 지음, 김용훈 옮김, 신원문화사, 2001
- **【자료33】 인물 분석 대조표**

한 걸음 더!

소설을 읽고 인물을 분석하는 방법으로는 캐릭터 그리기, 주위에서 비슷한 인물 찾기, 읽은 작품 가운데 비슷하거나 대조적인 인물 찾기 같은 활동도 할 수 있습니다.

[자료33] 인물 분석 대조표

인물 분석 대조표

학년   반   번   이름 _____

1. **제목 :**
2. **지은이 :**
3. **인물의 특징 분석하여 대조표 만들기**(외모, 나이, 성격, 역할, 고민거리)

특징	인물1	인물2	인물3	인물4
외모				
나이				
성격				
역할				
고민거리				
인물에 대한 느낌				

[자료34] 아이들이 만든 인물 분석 대조표

인물 분석 대조표

중대부속중학교 2학년 이경진

1. 제목 : 목걸이
2. 지은이 : 모파상
3. 인물의 특징 분석하여 대조표 만들기

특징	마틸드(로와젤 부인)	프레스터 부인	브류타뉴 태생 여자 하녀	로와젤
외모	하층 계급으로 태어났지만 매우 아름답다. 키는 166cm 정도 되고 코는 오똑하며 눈이 크고 속눈썹이 아름답다.	눈은 그리 크지 않지만 코가 약간 날카롭고 오똑하다. 또 키는 169cm 정도, 머리를 곱게 땋아 옆으로 내렸다.	앳된 모습으로 눈은 반짝거리는 은하수 같고 속눈썹이 길고 입술이 매우 붉고 천진난만하게 생겼다.	그리 잘생기지는 않았지만 턱 선이 예쁘고 안경은 쓰지 않는다. 키는 174cm 정도로 별로 크진 않고 손은 예쁘게 생겼고 다리가 길다.
나이	27세	27세	14세	32세
성격	하층 계급 신세를 한탄하고 자신의 현재를 극복하지 못할 만큼 나약하다. 남편에게 투정을 부리는 것을 보니 아직 철이 덜 들었다.	친구를 생각하는 마음이 깊고, 잘 돕지만 자신에게 피해가 오는 경우엔 싫어한다. 꾀 없이 솔직하다.	로와젤 부인(마틸드)의 말도 잘 듣고 자신이 하는 일을 열심히 한다. 또 투정하지 않고, 그야말로 착한 아이인 것 같다.	아내를 너무 사랑하고 자신의 현재를 긍정적으로 받아들일 줄 아는 착한 사람이다. 책임감이 강한 것 같다. 또 당황하지 않고 일을 잘 처리한다.
역할	갈등을 일으킨다. 목걸이를 잃어버려서 사건을 만들고 그 사건을 진행시키는 것 같다.	처음엔 사건의 소재를 만든다. 목걸이를 빌려 주고, 마지막에 결말을 맺는다. 사건을 모두 해결한다.	가난하면서도 하녀를 두는 로와젤 부인 곁에서 부인의 성격을 더욱 자세히 강조하며 보여 준다.	사건을 풀어 간다. 로와젤 부인이 목걸이를 잃어버렸을 때 당황하지 않고 사건의 갈등을 조금씩 풀어 간다.
고민거리	친구의 목걸이를 빌렸는데 그 목걸이를 잃어버리고 말았다. 비싼 것이라 더욱 당황해한다.(다이아몬드)	크게 고민하는 것은 없지만 마틸드가 중간에 목걸이를 돌려주는 시간이 늦어져 조금 화가 나 있었다.	아마 로와젤 부인이 사고를 치는 바람에 그 집에서 쫓겨나고 자신의 주식이 걱정되어 고민할 것이다.	아내가 사고를 치는 바람에 그 목걸이를 사기 위해 빌린 돈을 어떻게 갚을지 고민하고 있을 것이다.
인물에 대한 느낌	좀 한심하다. 자신의 말도 안 되는 꿈 때문에 여러 사람을 힘들게 하다니, 목걸이를 잃어버린 것이 혹시 이 사람을 정신 차리게 하려는 하늘의 뜻은 아닐까?	친구에게 보석을 빌려 주는 것을 보니 친구를 많이 믿는 사람인 것 같다.	천진난만하고 착하고 순진하다는 느낌을 받았다. 그냥 그런 것 같다.	책임감이 강한 것 같고 여자를 많이 챙기는 것 같다. 그리고 매우 부지런한 사람인 것 같다.

27·28차시 벤다이어그램 작성하기

수업 목표

공통점이 있는 두 작품을 읽고 인물이나 작품의 내용을 벤다이어그램으로 비교·분석한다.

공통점이 있는 두 작품을 읽고 인물이나 내용을 비교·분석합니다. 이 활동에서는 무엇보다 작품을 고르는 일이 중요합니다. 황순원의 〈소나기〉와 윤흥길의 〈기억 속의 들꽃〉과 같이 작품 속 등장 인물의 성격이나 주제, 시대가 비슷한 두 작품을 고릅니다.

벤다이어그램을 작성할 때는 작품의 배경, 사건 전개 방식, 인물의 성격, 결말, 주제 따위의 기준을 마련해야 합니다. 기준을 정해 두 작품을 비교하며 읽으면 작품을 더욱 자세하고 또렷하게 이해할 수 있습니다.

수업 전개

27차시

① 작품 속 주인공에게 질문을 던지며 읽습니다.
② 등장 인물이나 작품 내용의 공통점과 차이점을 비교하며 읽습니다.
③ 작가의 의도가 무엇인지 생각해 봅니다.
④ 두 작품의 어떤 차이가 주제와 결말을 다르게 하는지 살펴봅니다.

28차시

① 작품의 배경, 사건 전개, 등장 인물의 성격, 결말, 주제를 기준으로 두 작품을 비교합니다.
② 모둠별로 두 작품에 나타난 공통점과 차이점을 정리합니다.
③ 벤다이어그램이나 비교·분석표로 나타냅니다.

두 작품에 나타난 공통점과 차이점을 찾는 활동입니다. 다른 활동과 마찬가지로 메모하며 읽습니다. 책을 읽은 뒤에는 두 작품의 공통점과 차이점을 정리하고, 어떤 차이로 인해 결말과 주제가 달라지는지 생각해 봅니다.

이 활동을 어려워하는 아이가 있으면, 친구 두 명을 정해 외모나 성격을 비교해 보게 하거나 수학에서 말하는 교집합으로 설명하면 도움이 됩니다.

●◆ **활용 자료**
· **소나기** 황순원 지음, 중학국어 1-2, 2004
· **기억 속의 들꽃** 윤흥길 지음, 중학국어 2-1, 2004

27차시에서는 개인별로 공통점과 차이점을 찾아 간단하게 표를 그리며 내용을 정리하고, 28차시에서는 모둠별로 다시 정리하는데, 차이점은 모둠원끼리 상의하여 모읍니다.

4단계 ● 분석하며 책 읽기

한 걸음 더!

· 《국어시간에 소설 읽기1》에 나오는 〈흰종이 수염〉과 〈수난이대〉를 활용해 벤다이어그램 작성하기를 할 수 있습니다.
· 벤다이어그램도 의미 지도 만들기처럼 전지를 이용하여 모둠별로 그리고 발표해도 재미있습니다.

[자료35] 등장 인물 벤다이어그램

등장 인물 벤다이어그램으로 나타내기
〈소나기〉와 〈기억 속의 들꽃〉

관악중학교 2학년 방소근

〈소나기〉의 소녀
· 병이 들어 시골로 내려왔다.
· 새침한 여자 아이
· 몸이 약하다.
· 비밀이 없다.
· 순진하다.
· 소년을 매우 사랑한다.
· 소나기로 병이 악화되어 죽는다.

공통점
· 서울 아이
· 부모의 보호를 받지 못한다.
· 소년 외에는 친구가 없다.
· 둘 다 여자다.
· 꽃을 좋아한다.
· 둘 다 시골 소년을 좋아한다.
· 둘 다 일찍 죽는다.

〈기억 속의 들꽃〉의 명선
· 전쟁 때문에 시골로 내려왔다.
· 남자처럼 억세다.
· 몸이 날렵하고 건강하다.
· 비밀이 있다.
· 매우 현실적이다.
· 소년을 친구로 좋아한다.
· 비행기 폭격 소리에 놀라 죽는다.

관악중학교 2학년 정경택

〈소나기〉의 소년
· 평화로운 때 소녀를 만난다.
· 소녀와 대등한 역할(주인공)
· 소녀를 연인처럼 그리워한다.
· 부모님이 사업에(?) 밍한다.
· 나중에는 소녀에게 적극적이다.
· 농사를 돕는다.
· 소녀의 죽음을 전해 듣는다.

공통점
· 시골 아이다.
· 소녀와 짝을 이룬다.
· 소녀를 좋아한다.
· 부모가 가난하다.
· 소심하다.
· 소녀와 자주 논다.
· 소녀가 일찍 죽는다.

〈기억 속의 들꽃〉의 나
· 전쟁 중에 소녀를 만난다.
· 소녀를 관찰하는 관찰자 역할
· 소녀를 친구로 좋아한다.
· 부모님이 눕시 이해타산적이다.
· 소녀 뒤만 따라다닌다.
· 놀기만 한다.
· 소녀의 죽음을 목격한다.

[자료36] 작품 비교·분석표

〈기억 속의 들꽃〉과 〈소나기〉 비교·분석

관악중학교 2학년 이한승

기준 \ 내용	차이점		공통점
	기억 속의 들꽃	소나기	
시대적·공간적 배경	·6·25 전쟁 중 ·만경강 근처의 시골 마을	·어느 농촌 마을	·작은 농촌 마을이 배경이 된다.
사건 전개 방식	·소년이 서술자가 되어 이야기를 끌어간다.	·소년과 소녀 모두가 이야기를 만들어 간다.	·소년과 소녀 중심으로 이야기가 펼쳐진다. ·불행하게 끝난다.
중심 인물	·토박이 소년과 전쟁 고아 소녀	·촌뜨기 소년과 서울 깍쟁이 소녀	·소년과 소녀가 중심 인물이 되는데, 소년은 토박이인 반면에 소녀들은 도회지에서 왔다.
결말	·소녀가 비행기의 폭격 소리에 놀라 다리에서 떨어져 죽는다.	·소녀가 시름시름 앓다가 병으로 죽는다.	·소녀가 죽는다.
주제	·전쟁의 참혹함과 인간성 상실의 비극 ·소년과 소녀의 사랑도 있음	·소년 소녀의 순수한 사랑	·소년과 소녀의 순수한 사랑

저 푸른 초원 위에

하늘은 푸르고
강물도 푸르고

저 푸른 초원 위에
그림 같은 집을 짓고

손에 손 잡고
모두들 하나 되어

민들레꽃이 피어 있는
봉숭화꽃이 활짝 웃는

세상을 위하여
사람들을 위하여

이제 집을 지어요
아직 새싹이 돋아나지 않은 메마른 대지 위에
그림 같은 집을 지어요

5단계 비판하며 책 읽기

29차시 _ 서양 명작 동화 다시 읽기(1)
30차시 _ 서양 명작 동화 다시 읽기(2)
31차시 _ 주제별 책 읽기(1) : 민족 분단
32차시 _ 주제별 책 읽기(2) : 토론 자료 만들기
33차시 _ 주제별 책 읽기(3) : 해결책 찾기

서양 명작 동화 다시 읽기(1)

수업 목표

비판적인 시각에서 서양 명작 동화를 다시 읽는다.

어린 시절《백설공주》나《신데렐라》《미녀와 야수》같은 동화를 보지 않은 사람은 드물 것입니다. 많은 어린이들은 이런 동화를 읽거나 들으며, 꿈과 환상의 세계를 맛보고 상상력과 감성을 키웁니다.

그러나 오늘날 이런 서양 명작 동화는 많은 비판을 받고 있습니다. 시대가 변하고 사회가 변함에 따라 가치관도 바뀌어 가기에, 기존의 것은 언제나 새로운 것에 비판받을 수밖에 없겠지요. 이러한 비판의식이야말로 새로운 것을 만들 수 있는 힘입니다. 스스로 잘 알고 있다고 생각하는 서양 명작 동화와 다른 시각에서 다시 쓴《흑설공주 이야기》를 함께 읽으며, 비판적으로 책 읽기 활동에 들어갑니다.

수업 전개

① 일주일 전, 아이들에게 서양 명작 동화를 다시 읽어 보도록 안내합니다. 미리 학교 도서관에《흑설공주 이야기》나《백설공주》《신데렐라》《미녀와 야수》같은 작품을 학생 수만큼 준비해 두면 좋습니다.
② 수업이 시작되면《백설공주》《신데렐라》《미녀와 야수》가운데 한 권씩 골라 읽습니다.
③ 이어서《흑설공주 이야기》를 읽습니다.

이 활동을 반드시 '서양 명작 동화'로 해야 하는 것은 아닙니다.《백설공주》《신데렐라》《미녀와 야수》같은 작품을 선택한 까닭은, 많은 아이들이 알고 있을 뿐만 아니라, 여전히 우리 삶에 영향력을 발휘하고 있기 때문입니다. 그럼에도 우리는 이 작품들이, 구체적으로 어떻게, 우리 가치관이나 삶에 영향을 끼치고 있는지 거의 생각해 본 적이 없지

활용 자료
- **백설공주** 편집부 엮음, 삼성출판사, 2003
- **신데렐라** 편집부 엮음, 삼성출판사, 2003
- **미녀와 야수** 편집부 엮음, 삼성출판사, 2003
- **흑설공주 이야기** 바바라 G. 워커 지음, 박혜란 옮김, 뜨인돌, 2002

요. 《흑설공주 이야기》는 서양 명작 동화를 비판적으로 다시 들여다볼 수 있도록 이끌어 줍니다.

주의할 것은 《흑설공주 이야기》도 비판 대상이 될 수 있다는 것입니다. 그러므로 이 수업에서는 책을 읽을 때, 서양 명작 동화와 《흑설공주 이야기》를 함께 비판하며 읽을 수 있도록 이끌어 주는 것이 좋습니다. 이런 책 읽기는 공정하고 객관적인 비판 능력을 키워 주는 데 큰 도움이 됩니다.

한 걸음 더!

《종이 봉지 공주》《동화 밖으로 나온 공주》《누가 잠자는 숲 속의 공주를 깨웠는가》와 같이 원작을 패러디한 작품들을 폭넓게 읽으면 좋습니다. 읽은 뒤에는 작품에 등장하는 주인공의 외모와 성격을 벤다이어그램이나 인물 분석표로 비교해 보면 좋겠지요.

5단계 • 비판하며 책 읽기

30차시 서양 명작 동화 다시 읽기(2)

수업 목표

서양 명작 동화와 《흑설공주 이야기》의 장단점을 토론하며 좋은 동화의 기준을 만든다.

옳고 그름을 가려 잘못된 것을 바르게 세우고자 하는 '비판'은 감정의 배설로 그치고 마는 '비난'과는 다릅니다. 올바른 비판 능력을 키우기 위해서는 비판의 대상과 기준을 뚜렷하게 하고 이것에 따라 문제점을 밝혀 내는 경험을 자주 해 봐야 합니다.

이 수업은 앞 시간에 읽은 서양 명작 동화와 《흑설공주 이야기》의 장단점을 토론하며 좋은 동화의 기준을 마련해 보고, 기존의 서양 명작 동화가 안고 있는 문제점을 생각해 보는 활동입니다.

수업 전개

① 토론 틀거리를 칠판에 적어 아이들이 토론에서 다룰 문제에 대해 미리 생각해 보게 합니다.

■ 토론 틀거리
㉠ 토론 주제 : 서양 명작 동화의 장단점은 무엇인가
㉡ 토론할 때 유의점 : 발언권을 얻어 발표하자. 예의를 갖춰 말하자. 발표자의 말을 잘 듣자.
㉢ 《백설공주》《신데렐라》《미녀와 야수》 같은 작품들이 지금까지도 어린이들에게 인기 있는 이유는 무엇일까? 자신의 경험에 비추어 말해 보자.
㉣ 《흑설공주 이야기》가 던지는 문제는 무엇인가?
㉤ 그 의도는 성공적으로 표현되었는가?
㉥ 어떤 동화가 좋은 동화인가?
㉦ 《백설공주》《신데렐라》《미녀와 야수》 같은 서양 명작 동화의 장단점은 무엇인가?
㉧ 토론 내용을 요약하고 같이 평가하자.

② 자유롭게 토론이 이루어지도록 이끕니다.
③ 토론 내용을 요약·정리하고 평가합니다.

토론에서 다룰 구체적인 내용(토론 틀거리)을 미리 아이들에게 알려 줍니다. 토론 내용을 충분히 생각하고 준비했을 때 활발하고 깊이 있는 토론이 이루어질 수 있습니다.

토론을 진행할 때는 맥을 잘 잡아 지엽적인 문제에 매달려 시간을 허비하는 일이 없도록 합니다. 또 몇몇 아이들에게 발표가 집중되지 않도록 적절한 질문을 던져 토론 참여를 끌어냅니다.

토론을 마무리할 때는 논의한 내용을 요약·평가한 뒤, 어떤 문제를 바르게 판단하기 위해서는 여러 각도에서 바라볼 필요가 있음을 확인합니다. 토론과 비판적인 책 읽기의 중요성을 다시 강조하면 좋습니다.

> **●◆ 활용 자료**
> · **백설공주** 편집부 엮음, 삼성출판사, 2003
> · **신데렐라** 편집부 엮음, 삼성출판사, 2003
> · **미녀와 야수** 편집부 엮음, 삼성출판사, 2003
> · **흑설공주 이야기** 바바라 G. 워커 지음, 박혜란 옮김, 뜨인돌, 2002

한 걸음 더!

《흑설공주 이야기》를 참고로 한두 시간을 더 할애하여 서양 명작 동화 다시 쓰기를 하거나, 알고 있는 우리 나라 전래 동화를 다시 써 보게 합니다. 저마다 쓴 작품은 친구들끼리 돌려 읽거나 게시판에 붙여 함께 읽을 수 있도록 하면 좋겠지요.

[자료37] 토론 자료

'서양 명작 동화의 장단점은 무엇인가'

2003학년도 관악중학교 2학년 독서활동반

1. 《백설공주》《신데렐라》《미녀와 야수》 같은 작품들이 지금까지도 어린이들에게 인기 있는 이유는 무엇일까? 경험에 비추어 말해 보자.
   - 이야기가 재미있고, 환상적이다.
   - 대부분 예쁜 공주와 멋진 왕자가 주인공으로 나오는데 읽다 보면 마치 내가 왕자가 되고 공주가 된 것 같아 황홀해진다.
   - 현실에서는 이루어지기 힘든 일도 동화 속에서는 척척 이루어지기 때문에 통쾌하다.
   - 착한 사람은 성공하고 나쁜 사람은 벌을 받는 것을 보면서 나쁜 짓을 하면 안 된다는 마음을 갖게 해 준다.

2. 《흑설공주 이야기》가 던지는 문제는 무엇인가?
   - 기존 동화의 남성 우월주의와 외모 지상주의를 비판하고 있다.
   - 기존 동화에 나오는 인물의 고정관념을 깨뜨렸다.(예 : 계모는 나쁘다 → 착한 계모도 있다, 여자는 약하다 → 여자도 씩씩하다 따위)

3. 그 의도는 성공적으로 표현되었는가?
   - 문젯거리를 던져 준 것은 성공적이었으나 너무 작위적이어서 기존의 동화만큼 재미있지는 않다.
   - 상상력이나 감성을 풍부하게 하는 데는 실패했다고 본다.
   - 유아나 초등학교 저학년에게는 별다른 감동을 주지 않을지 모르지만 초등학교 고학년 이상에게는 매우 흥미 있게 읽힐 수 있다고 본다.

4. 어떤 동화가 좋은 동화인가?
   - 이야기가 재미있고 감동적이어야 한다.
   - 진실하면서도 풍부한 상상의 세계를 보여 주어야 한다.
   - 편견을 갖게 해서는 안 된다.
   - 어느 정도 교훈이 있어야 한다.

5. 《백설공주》《신데렐라》《미녀와 야수》 같은 서양 명작 동화의 장단점은 무엇인가?

〈장점〉
   - 무척 재미있고 꿈을 꿀 수 있게 해 준다.
   - 감성과 상상력을 풍부하게 해 준다.
   - 선악에 대한 개념을 심어 준다.

〈단점〉
   - 남성 우월주의의 성격이 강하다.
   - 여자 주인공들이 모두 예쁘고 착하다.
   - 여자 주인공이 어려움에 처했을 때, 자기 스스로 문제를 해결하지 않고 요정이나 왕자가 나타나 문제를 해결해 준다.
   - 전개 방식이 비슷비슷하다.

6. 토론 내용 요약과 총평
   - 토론 내용을 간단히 요약·평가한 뒤, 비판적인 책 읽기의 필요성을 다시 한 번 강조하며 마무리한다.

3장_단계별 독서수업 들여다보기 **185**

31 차시 주제별 책 읽기(1) : 민족 분단

수업 목표

'민족 분단'을 소재로 한 책을 읽으며 민족 분단 문제에 관심을 가진다.

주제별 책 읽기의 하나로 '민족 분단'을 다룬 책을 읽으며 분단 상황이 안고 있는 문제를 알아보고 해결책을 생각해 보는 활동입니다. 굳이 민족 분단 문제를 선택한 까닭은, 우리에게 이 문제가 매우 중요함에도 깊이 있게 다루어진 적이 거의 없기 때문입니다. 해마다 6월이면 학교에서는 민족 공동체에 관한 글짓기나 포스터 그리기, 자기 주장 발표대회를 합니다. 그러나 동기 부여가 충분히 되지 않은 상태에서 해마다 형식적인 활동만 되풀이하다 보니, 아이들은 오히려 이 문제에 대해 진지하게 생각해 볼 마음을 갖지 않습니다.

이 수업은 이런 문제점을 극복하기 위해 마련한 것입니다. 최근 민족 분단 문제를 여러 각도에서 새롭게 조명한 책들이 많이 나왔습니다. 이런 책들을 읽기 자료로 활용하여 토론 수업으로 이끌며 민족 분단 문제를 깊이 생각해 보게 합니다.

수업 전개

① 수업 한 달 전, 추천도서 4종을 15권 이상씩 학교에 준비해 둡니다.
② 한 달 전 아이들에게 수업을 안내하고, 추천도서의 특징을 소개하며 미리 읽게 합니다.
③ 수업 시간에는 추천도서 가운데 한 권을 골라 자유롭게 읽게 합니다. 책 속의 인물들이 민족 분단으로 인해 어떤 상처와 고통을 받았으며 어떻게 극복해 나갔는지 주의 깊게 살펴보도록 합니다.

이 수업의 목표는 아이들이 진심 어린 마음으로 '민족 분단 문제'에 관심을 갖게 하는 데 있습니다. 아이들은 어렸을 때부터 이 문제를 들어온 탓에 처음에는 '또 그 이야기야?' 하며 고개를 돌리곤 합니다. 그러므로 진부한 얘기들을 되풀이하기보다는 4권의 추천도서를 감칠맛 나게 소개하고, 책을 직접 읽게 하는 것이 좋습니다. 작품들의 차이점을 설명해 주면 더 좋겠지요. 4권을 다 읽으면 좋겠지만 안 되면 1권이라도 읽도록 합니다.

《문수의 비밀》은 이념의 차이로 인한 친구 간의 갈등과 이산가족의 아픔을 보여 줍니다. 《그리운 매화향기》는 미군 비행장으로 인해 발생하는 매향리 주민들의 고통과 상처를, 《상처 입은 세기의 거장 윤이상》은 분단된 조국의 통일을 위해 생명의 위험까지 감수하며 남과 북을 오갔던 세계적인 작곡가 윤이상의 열정과 아픔을, 《GO》는 재일교포 고등학생 아이의 정체성을 찾기 위한 거센 몸부림과 긴장감 넘치는 사랑을 담고 있습니다.

> ●◆ **활용 자료**
> · **문수의 비밀** 배선자 글, 김재홍 그림, 채우리, 2002
> · **그리운 매화향기** 장주식 글, 김병하 그림, 한겨레신문사, 2001
> · **상처 입은 세기의 거장 윤이상** 최지숙 글, 정수영 그림, 교학사, 2000
> · **GO** 가네시로 가즈키 지음, 김난주 옮김, 북폴리오, 2003

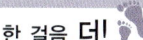 **한 걸음 더!**

'민족 분단'을 주제로 토론 수업을 하기에 가장 적합한 시기는 6월입니다. 사회적으로도 이 문제에 관심을 모을 때라서 동기 유발에 좋기 때문이지요. 따라서 독서수업 시간을 충분히 마련할 수 있다면, 이 주제로는 6월에 수업을 진행하고, 36차시 단계에 따른 토론 수업에서는 '핵 문제'나 '장애우 문제', 혹은 '영어 공용화 문제' 같은 주제로 수업을 하면 더 좋습니다. 핵 관련 책으로는 《구름》 구드룬 파우제방 지음, 김헌태 옮김, 일과 놀이 장애우 관련 책으로는 《우리 누나》 오카 슈조 지음, 김난주 옮김, 웅진닷컴 영어 공용화 관련 책으로는 《한국어가 사라진다면》 시정곤 외, 한겨레신문사 을 추천합니다.

32차시 주제별 책 읽기(2) : 토론 자료 만들기

수업 목표

'민족 분단'을 다룬 책을 읽으며 토론 자료를 만든다.

앞 시간에 이어 못다 읽은 부분을 마저 읽은 뒤, 33차시 토론 수업에 필요한 토론 자료를 만드는 시간입니다. 토론이 활발하게 이루어지려면 토론자들이 주제를 깊이 생각하고, 관련 자료를 읽어야 합니다. 또 토론 전에는 읽고 조사한 자료들을 토론 틀에 맞춰 정리하고 자기 생각과 입장을 간단하게나마 글로 써 보면 좋습니다.

이 시간에는 '민족 분단' 관련 책들을 읽으며 알게 된 점을 정리하고, 문제를 해결하기 위한 방안을 종합적으로 살필 수 있도록 합니다.

수업 전개

① 31차시에 이어 책 읽을 시간을 20분 정도 더 줍니다.
② 토론 자료에 들어갈 내용을 판서하고 토론 자료를 만들게 합니다.

■ 토론 자료에 들어갈 내용
㉠ 읽은 책을 통해 알게 된 민족 분단의 문제점은?
㉡ 평소 알고 있던 내용이나 그 밖의 자료를 통해 알게 된 민족 분단의 문제점은?
㉢ 종합적으로 자신이 생각하는 민족 분단의 문제점과 해결 방안은?

③ 토론 자료를 미처 완성하지 못한 경우에는 집에서라도 완성해 오도록 당부합니다.

우리 나라 학생들은 토론에 매우 서툽니다. 학생들뿐만 아니라 우리 나라 사람들 대부분이 토론을 잘 못하지요. 그동안 우리 학교교육이 교사의 강의식 수업과 5지선다형 문제 풀이로 일관한 결과일 것입니다. 이를 하루아침에 바꾸기는 어렵겠지요. 하지만 독서수업을 단계별로 진행해 왔다면 크게 어렵지는 않을 것입니다.

토론의 생명은 설득입니다. 상대방을 설득해 자기 의견에 동조할 수 있게 하려면 먼저 자기 생각이 잘 정돈되어 있어야겠지요. 그래서 토론에 들어가기에 앞서 토론 자료를 미리 만드는 일은 매우 중요합니다.

먼저 그동안 읽은 책을 통해 알게 된 민족 분단 문제를 바탕으로, 평소 알고 있던 내용이나 다른 자료들을 통해 알게 된 것들을 덧붙인 뒤에, 종합적으로 자신이 생각하는 민족 분단의 문제점과 해결책을 정리합니다.

●◆ 활용 자료

- **문수의 비밀** 배선자 글, 김재홍 그림, 채우리, 2002
- **그리운 매화향기** 장주식 글, 김병하 그림, 한겨레신문사, 2001
- **상처 입은 세기의 거장 윤이상** 최지숙 글, 정수영 그림, 교학사, 2000
- **GO** 가네시로 가즈키 지음, 김난주 옮김, 북폴리오, 2003

5단계 ● 비판하며 책 읽기

한 걸음 더!

- 사람의 생각과 감정을 깊이 움직이는 데 책만큼 좋은 자료는 없지만, 책 구입이 쉽지 않거나 책 읽을 시간을 내기 어려우면 인터넷 자료나 신문, 잡지, 혹은 1~2쪽짜리 읽기 자료를 활용할 수도 있습니다.
- 반대로 시간도 넉넉하고 활용할 자료들을 풍부히 갖추고 있다면, 1~2시간 더 늘려서, 책을 읽은 뒤 인터넷 자료와 신문 자료 따위를 더 찾아 읽게 하거나 〈공동경비구역〉과 같은 분단 문제를 다룬 영화를 보여 주면 효과적입니다.

3장_단계별 독서수업 들여다보기

[자료38] 토론 자료

민족 분단 문제 토론 자료

관악중학교 2학년 김선욱

1. 책을 통해 알게 된 민족 분단의 문제점

▶ 《문수의 비밀》을 통해 알게 된 점
- 이산 가족의 아픔이 너무 크다.
- 사상의 자유가 탄압받는다
- 항상 전쟁의 위험이 있어 불안하다.

▶ 《상처 입은 세기의 거장 윤이상》을 통해 알게 된 점
- 사상의 자유가 탄압받는다.
- 정치인들이 분단 상황을 악용한다.
- 외국인들 앞에서 부끄럽다.

2. 평소 알고 있던 내용이나 그 밖의 자료를 통해 알게 된 민족 분단의 문제점

- TV와 신문을 통해 우리 나라 국방비가 지나치게 많다는 것을 알았다.
- 우리 나라 남자들이 국방의 의무를 갖게 된 것이 민족 분단 때문이라는 것을 어른들의 말씀을 통해 알고 있었다.
- 여러 수업 시간을 통해 미국, 일본, 중국, 러시아와 같은 나라들이 우리의 분단 상황을 이용한다는 것을 알고 있었다.

3. 종합적으로 내가 생각하는 민족 분단의 문제점과 해결 방안

나는 우리 민족의 분단을 극복하는 길은 통일이라고 생각한다. 통일을 해야 하는 당위성으로는 여러 가지가 있겠지만, 일단 통일을 하면 군사비만 13조 원 이상이 절감된다. 이 비용이 남한만의 수치이니 남과 북을 합친다면 어마어마한 비용이 군사비로 낭비되고 있는 셈이다. 통일을 통하여 이 비용을 교육이나 국민 복지 같은 곳에 투자한다면 통일 후 국민들의 생활 형편은 엄청나게 달라질 것이다. 또한 체제 경쟁 비용이라든가 통일을 통하여 국방에 종사해야 하는 우리 인재들을 충분히 활용할 수 있다. 우리 나라 청년들은 국방의 의무를 지고 있다. 대학에서 열심히 공부를 하다가, 연구원으로 여러 가지 일을 하다가 군대에 가서 3년 동안을 지내고 와야 하니 이것은 너무나 큰 인력 손실이다. 통일을 통하여 우리는 대륙으로 연결됨에 따른 이익과 국제 사회에서 우리 국가 위상이 높아지게 됨에 따른 이익 등 아주 많은

부분에서의 커다란 이익이 있게 된다. 이러한 이익들을 생각하더라도 통일은 되어야 한다.
그러나 이러한 이익보다 중요한 것은 이념 때문에 남과 북으로 갈라져 살아왔던 사람들이 다시 완전히 만날 수 있다는 것이다. 《문수의 비밀》에서도 잘 나타났지만, 나는 지난해 이산 가족 상봉 행사 때 이산 가족들이 흘리던 눈물과 통곡 소리를 잊을 수가 없다. 통일을 하여 이산의 아픔을 완전히 치유하고, 끊어졌던 가족들을 연결하고 나아가 민족사를 다시 연결하는 것은 우리가 꼭 해야만 할 일이라고 생각한다.

주제별 책 읽기(3) : 해결책 찾기

수업 목표

'민족 분단의 문제점과 해결 방안'에 대해 토론하면서 토론 능력을 기른다.

'민족 분단' 관련 책 읽기 수업을 마무리하는 시간입니다. 한 달 전부터 이 주제에 대해 읽고 생각해 온 내용들을 토론을 통해 펼쳐 놓으며 서로의 생각을 깊고 넓게 확장시키는 시간이지요.
평소 모둠별 수업이 활발히 이루어졌다면 모둠별로 토론을 진행하고, 그렇지 않다면 전체 토론을 합니다.

수업 전개

① 토론 진행 방법을 안내합니다.

■ 모둠별 토론
1. 모둠별로 앉은 뒤, 사회자와 기록자를 정한다.
2. 민족 분단의 문제점에 대해 15분간 토론한다.
3. 민족 분단의 해결 방안에 대해 15분간 토론한다.
4. 모둠별로 토론 내용을 정리하여 발표한다.

■ 전체 토론의 경우
1. 민족 분단의 문제점에 대해 15분간 토론한다.
2. 민족 분단의 해결 방안에 대해 20분간 토론한다.
3. 토론 내용을 요약·정리하고 총평한다.

② 토론할 때 유의점을 일러 줍니다.

■ 토론할 때 유의점
1. 발언권을 얻어 말한다.
2. 예의를 갖춰 말한다.
3. 발표자의 말을 잘 듣는다.
4. 미리 작성한 토론 자료를 충분히 활용한다.

③ 토론이 활발히 이루어질 수 있도록 발표자의 말을 되받아 주기도 하고 질문도 던지며 진행합니다.
④ 마치기 5분 전에 토론 내용을 요약·정리하고 총평합니다.

1시간 안에 알찬 토론을 하려면 시간 관리를 잘해야 합니다. 모둠별로 토론을 하면 많은 아이들의 참여를 끌어낼 수 있습니다. 이때 미리 모둠을 구성하고 사회자를 뽑아 진행 방법을 익혀 놓아야 합니다. 전체 토론을 할 경우에도 시간을 절약하기 위해서는 토론할 때 유의점이나 진행 방법을 앞 시간에 충분히 설명해 두면 좋겠지요. 그래도 모든 아이들이 다 발언하기는 힘들 테니, 토론이 끝나 갈 쯤에는 발표하지 않은 아이들에게 한 마디씩 발언할 기회를 주는 것도 좋습니다.

●◐ 활용 자료

- **문수의 비밀** 배선자 글, 김재홍 그림, 채우리, 2002
- **그리운 매화향기** 장주식 글, 김병하 그림, 한겨레신문사, 2001
- **상처 입은 세기의 거장 윤이상** 최지숙 글, 정수영 그림, 교학사, 2000
- **GO** 가네시로 가즈키 지음, 김난주 옮김, 북폴리오, 2003

한 걸음 더!

- 어떤 주제로든 한 시간 안에 깊이 있는 토론이 이루어지기는 힘듭니다. 발표자도 제한되게 마련이지요. 1차시에는 모둠별로 토론을 하고, 2차시에는 전체 토론을 하거나 1차시에는 민족 분단의 문제점, 2차시에는 해결책에 대해 토론하면 좋습니다. 그래도 더 토론하고 싶어하는 아이들이 있으면, 방과 후에 따로 남아 지칠 때까지 토론해 보게 하는 것도 좋은 방법입니다. 아이들에게는 잊지 못할 경험이 되겠지요.
- 토론 수업을 쓰기 수업과 통합하여 진행할 수도 있습니다. 토론 내용을 바탕으로 '민족 분단 문제'에 대한 논설문을 쓰게 하면 아이들이 논설문 쓰는 법을 쉽게 익힐 뿐 아니라 내용도 풍부해져 좋습니다.

[자료39] '민족 분단'의 문제점과 해결 방안 학생 논설문

통일에 집착하지 말고 멀리 내다보자

난우중학교 3학년 이현정

우리는 그동안 통일을 이루어야 한다고 늘 세뇌당해 왔다. 초등학교 바른생활 교과서에서 고등학교 윤리 책까지 통일을 다뤘으며 음악 시간엔 〈우리의 소원은 통일〉을 불렀고, 6월이면 '민족 공동체 의식 함양을 위한 글짓기'를 해야 했다. 텔레비전에서도 툭하면 통일 다큐다 뭐다 해서 전 국민을 세뇌시켰다. 그러는 동안 우리는 뭐가 우리에게 이롭고 발전에 도움이 되는지조차 따지지 않고 그저 통일을 당위적인 문제로 받아들이기에 이르렀다.

통일이 왜 당연히 이루어져야 한다고 하는 걸까? 한 민족 한 핏줄이니까? 그건 모순이다. 연해주 일대의 조선족들, 그들은 다른 민족인가? 그들도 한 민족인데 그들은 버려 두다시피 내팽개친 채 왜 우리와는 대화도 않으려는 북한만을 바라보는가? 한 민족이라는 이유로? 같은 민족은 꼭 같은 나라를 이루어야 하는가? 결코 그렇지 않다.

우리는 너무 당연하게 생각하지만 그런 나라는 별로 많지 않다. 유럽을 예로 들자면 켈트족은 영국, 프랑스, 독일 등에 퍼져 살지만 모두 잘 살고 있지 않는가. 같은 민족은 같은 나라를 이루어야 한다는 것은 결국 세뇌당한 우리의 고정관념일 뿐이다. 우리는 여기서 벗어나 좀더 냉정하게 현실을 직시해야 한다. 통일이란 단순히 정권을 통합한다고 이루어지는 것이 아니다. 국민 모두가 공감하는 정서 속에서 이루어져야 한다. 오랜 동안 분열된 채 다른 사회를 유지하다가 통일을 이루면 그만큼 내적인 갈등과 혼란을 가질 수밖에 없다. 과연 지금 우리가 그러한 갈등을 극복할 능력이 있는가? 서독이 막강한 경제력으로 동독을 흡수 통일했듯, 우리도 그렇게 할 수 있는가? 결코 아니다.

지금 우리는 IMF에서 우리를 건지기조차 힘들어하고 있다. 우리는 왜 예멘의 교훈을 애써 외면하고 독일의 통일만을 보는가? 예멘은 우리처럼 자유 VS 공산으로 1990년 5월 평화 통일을 이루었지만 빚어낸 건 극심한 사회 혼란뿐이었고 결국 4년여 만에 내전이 일어나 갈라졌다가 무력으로 다시 통합을 이루었다. 우리는 왜 이 일을 외면하고 독일의 통일만을 바라보는가. 우리는 독일조차 통일 후 2~3년간 사회적 혼란이 있었다는 걸 주목할 필요가 있다. 과연 지금 우리는 통일 후의 혼란과 갈등을 감당할 충분한 준비가 되었는가? 아니다. 우리는 지금 우리조차 감당하지 못하고 있다.

통일에 집착하지 말고 멀리 내다보자. 우리는 통일에 힘쓰기보다는 국민 복지에 힘써야 한다. 통일을 발전으로 이끄는 길이라고 볼 것만은 아니다. 오히려 나라를 위기로 몰 수도 있음을 명심해야 한다.

통일은 우리의 과제이다

난우중학교 3학년 이수지

연합군의 승리로 1945년 8·15 광복을 이룬 우리 나라는 그 기쁨을 채 맛보지도 못하고 분단이라는 시련을 겪게 된다. 미국과 소련의 정치 체제의 대립과 우리 국토를 얻기 위한 분쟁이 원치 않는 고통의 분단을 만들어 냈다. 그런데 우리는 아직도 그 늪에서 벗어나지 못한 채 서로를 잊어 가고만 있다. 하나인 우리가 언제까지 이렇게 나뉘어 있어야만 하는가? 통일은 필요 없는 것인가? 그렇지 않다. 통일은 꼭 이룩해야만 하는 우리의 과제이다. 그러면 통일을 왜 이루어야 하는가?

첫째, 통일은 우리의 국력을 신장시킬 수 있게 한다. 먼저, 국토의 확장으로 인한 국력 신장이다. 국토가 확장된다는 것은 자원이 그만큼 풍부해진다는 것을 의미한다. 북한에는 아직 개발되지 않은 지하 자원과 관광지, 주택 개발지 등이 많다. 그것을 잘 개발하면 국력을 신장시킬 수 있다. 뿐만 아니라 통일이 되면 인구도 증가되어 노동력도 늘어나고, 각 분야의 재능 있는 인재도 더욱 확보할 수 있게 된다. 그것 또한 국력을 신장시킬 수 있다. 다음으로, 국방비의 감축과 국방 의무제의 폐지로 인한 이득이다. 남북한은 전혀 생산성이 없는 국방비에 너무 많은 예산을 들이고 있다. 통일이 되면 그 예산을 좀더 생산적인 곳으로 돌릴 수 있게 될 것이다. 그 예산의 반만이라도 교육비에 투자하면 얼마나 이득이겠는가. 또, 국방의 의무를 다하느라 한창 자기를 개발할 나이에 누구나 군대에 가야만 하는 비효율적인 일도 방지할 수 있다. 군대는 원하는 사람에 한해 가는 게 좋다. 한창 인기 절정에 올라 있는 연예인, 운동 선수, 고지를 눈앞에 두고 있는 연구가들이 군대에 가느라 그것들을 놓치게 되면 어떻겠는가?

둘째, 통일은 역사적 당위이기 때문이다. 단군 이래 우리는 한반도에서 같은 언어, 같은 문화를 이루며 살아왔다. 삼국이 고려에 의해 통일된 이후에는 더욱더 하나로 뭉쳐서 살았다. 일제 시대에도 우리는 흩어지지 않았다. 그러나 광복 후 자의에 의해서가 아니라, 강국들의 이권 다툼에 의해 갈라지게 되었다. 이것을 되찾지 않는다면, 우리는 선조들에게도, 우리의 후손들에게도 할 말이 없게 된다. 민족의 역사란 그 민족의 현재와 미래의 방향을 제시해 주는 등대와 같은 것이다. 우리의 후손들이 우리 시대의 역사를 돌아보며 우리에게 무슨 말을 하겠는가. 또 그들의 미래를 어떻게 방향 잡겠는가? 원래 하나였던 나라는 다시 하나가 되어야 한다. 그것은 역사적 당위이다.

셋째, 통일은 우리의 자주권을 찾기 위해서라도 이루어져야 한다. 지금 우리의 군사 지휘권은 북한의 침략 방어를 위한다는 명목으로 미국에게 있다. 그로 인해 우리는 외교 정책을 맺는 데도 미국으로부터 자유롭지 못하다. 미국은 걸핏하면 '주한 미군 철수'라는 말을 들먹이며 우리를 위협한다. 언제까지 우리가 미국에 이용당하고 있을 것인가? 우리는 완전한 자주권을 갖기 위해 통일을 반드시 해야만 한다.

넷째, 통일은 우리의 사상의 자유를 갖기 위해서라도 이루어져야 한다. 우리 나라는 반공이 국시로 정해져 있다. 그래서 공산주의에 대해서는 제대로 공부해 볼 수도 없다. 또, 정치가들은 이것을 악용해, 툭하면 빨갱이를 들먹이며 이것을 정치적으로 이용한다. 또 선거철마다 간첩 사건을 등장시켜 국민들의 판단력을 흐리게 한다. 우리는 더 이상 사상의 자유를 탄압받아서는 안 되며 이용당해서도 안 된다.

이처럼 통일은 반드시 이루어져야만 한다. 그러나 문제가 없는 것은 아니다. 통일이 되면, 지역 감정이 더 심해질 수도 있고, 북한의 부족한 경제력을 메우기 위한 급격한 세금 인상과 실업자의 증가로 인해 한동안 우리 나라 경제가 휘청거릴 수도 있다. 또 정치 체제의 변화로 인한 정신적 혼란, 문화의 이질감으로 인한 심정적 혼란 등, 몇 년 동안의 사회적 혼란이 따르기는 할 것이다. 그러나 이런 것은 사전에 충분히 준비한 후 통일을 하게 되면 어느 정도는 줄일 수 있을 것이다. 단순한 동정심이나 당위성만 가지고 통일을 서두르기보다는 한 민족으로 함께 잘 사는 나라를 만들기 위해, 충분한 준비 단계를 거쳐, 자주적이고도 평화적인 통일을 이루기 위해 노력해야 할 것이다.

영 화 속 풍 경 처 럼

지은 집은 영화가 되고
지은 집은 소설이 되고
지은 집은
다시 우리 집이 되어
영화 속 풍경처럼
우리가 꿈꾸는 풍경처럼

6단계 작품 재창조하기

34차시 _ 패러디 작품 쓰기(1)
35차시 _ 패러디 작품 쓰기(2)
36차시 _ 작품 발표와 평가

34·35차시 패러디 작품 쓰기

수업 목표

읽은 작품을 재해석하여 패러디 작품을 써 본다.

앎의 끝은 창조이지요. 앎은 그 자체만으로도 의미가 있지만 앎을 바탕으로 새로운 것을 창조했을 때 비로소 완성될 수 있습니다. 책을 읽는 일은 모르던 것을 알게 되고, 세상을 새롭게 만나는 행위입니다. 책을 통해 읽는이가 자아와 세상을 재발견하고 새로운 것을 창조해 낼 때, 책 읽기는 비로소 최고의 빛을 발할 수 있습니다.

이 시간에는 독서수업의 마지막 활동으로 패러디 작품을 만듭니다. 기존 작품을 새롭게 재해석하여 만드는 패러디 작품은 읽기에서 창작으로 나아가는 징검다리가 될 것입니다.

수업 전개

34차시
① 읽기 자료로 활용한 작품들 가운데 패러디하기에 좋은 《행복한 청소부》《얼굴 빨개지는 아이》《문제아》《흑설공주 이야기》를 준비합니다.
② 한 작품씩 읽으며 패러디 작품에 대해 구상합니다.
③ 주제를 정하여 패러디 작품의 줄거리를 작성합니다.

35차시
① 앞 시간에 쓴 줄거리에 살을 붙여 작품을 완성합니다.
② 말하고자 하는 바가 잘 나타났는지 살피며 퇴고합니다.

시간이 넉넉하지 않기 때문에, 읽기 자료는 앞서 활용한 책들 가운데 고르는 것이 좋습니다. 《흑설공주 이야기》나 《문제아》처럼 단편 모음인 경우에는 교사가 한 작품을 제시하거나, 아이들 스스로 작품을 고르게 합니다.

패러디 작품을 만들 때는 먼저 원작을 정독한 뒤, 무엇을 어떻게 바꿀 것인지 생각합니다. 예를 들어《행복한 청소부》의 주제를 바꾸어 '불행한 청소부'로 할 수도 있고, 소재를 바꿔 '행복한 구두닦이'나 '행복한 떡장수'로 할 수도 있습니다. 또《흑설공주 이야기》처럼 여성에 대한 관점을 새롭게 하여, 나약하고 의존적인 여성을 씩씩하고 독립적인 인물로 바꿀 수도 있습니다.

처음에는 아이들이 막막해할 수 있으니, 예시 작품을 소개하며 자세히 안내해 주는 것이 좋습니다.

글이 완성되면, 말하고자 하는 바가 잘 표현되었는지 살피며 퇴고합니다. 시간이 빠듯하기 때문에 분량을 A4 용지 2~3쪽으로 제시하고, 일주일 전에 수업을 안내하여 아이들이 미리 작품을 구상할 수 있게 하면 좋습니다.

> ◆◆ 활용 자료
> · **행복한 청소부** 모니카 페트 글, 안토니 보라틴스키 그림, 김경애 옮김, 풀빛
> · **얼굴 빨개지는 아이** 장 자끄 상뻬 글 그림, 열린책들, 1999
> · **문제아** 박기범 글, 박경진 그림, 창비, 1999
> · **흑설공주 이야기** 바바라 G. 워커 지음, 박혜란 옮김, 뜨인돌, 2002

한 걸음 더!

· 동기 유발에 가장 좋은 본보기는 또래들이 만든 작품입니다. 수업 한두 시간 전에 복사해서 나눠 주면 생각을 자극할 수 있어 좋습니다.
· 모둠별로 진행할 때는 토론하여 함께 쓴 뒤, 작품을 직접 발표하도록 합니다. 간단한 입체 낭독에서 무대장치와 의상까지 갖춘 연극 공연에 이르기까지 방법은 다양하겠지요. 시간과 여건에 따라 선택합니다.

[자료40] 아이들이 만든 패러디 작품

잭과 옥수수
《잭과 콩나무》 패러디

관악중학교 2학년 이학찬

옛날 어느 시골 마을에 잭이 살았다. 잭은 평소 부지런하고 최선을 다하는 근면한 청년이었는데, 다른 한편으로는 일확천금의 꿈을 꾸고 있는 청년이기도 했다. 하루 빨리 물려받은 아버지의 빚을 깨끗이 잊고 새롭게 편안히 살아가고 싶은 것이리라.

어느 날, 길을 가다가 한 노파를 만났다. 그 노파는 큰 짐이 든 보따리를 들고 끙끙대며 언덕을 올라가고 있었다. 그 모습을 본 잭은 노파에게 달려가 노파의 짐을 들어 주었다. 그러자 노파는 보따리 속에서 옥수수 2알을 꺼내더니 신비한 옥수수라며 잭에게 건네주었다.

집으로 돌아온 잭은 배가 무척 고팠다. 하지만 가난한 잭에게는 쌀알 한 톨도 없었다. 그런데 불현듯 아까 받은 옥수수가 생각났다. 주머니에서 옥수수를 한 톨 꺼내 잘 씹어 삼켰다. 그런데 왠지 몸에 힘이 솟는 것 같더니 옥수수 한 알을 먹었을 뿐인데도 배고픔이 가시는 것이 아닌가. 잭은 우스갯소리인 줄 알았던 옥수수를 물끄러미 바라보며 미소를 지었다. 자신이 바라던 일확천금의 꿈이 이 옥수수 한 톨을 통해 이루어질지도 모른다고 생각하며.

마침내 잭은 옥수수를 심어 보기로 결심했다. 팔려고도 마음먹어 봤지만 누가 믿어 주겠는가 생각하니 역시 심어 보는 게 낫겠다는 생각이었다. 신기한 옥수수니 심어서 키운다면 분명 큰 이익이 되겠지.

잭은 아무도 없는 마을 뒤켠으로 뛰어나가 마당 한가운데 정성스레 옥수수 한 알을 심기 시작했다. 어찌나 정성스러운지 지나가던 사람이 보면 무슨 보물을 숨기는 것처럼 보였을 것이다.

옥수수를 다 심고 난 잭은 이제 물을 주기 위해 물통을 들고 우물가로 뛰어갔다. 그리고 물이 가득 들어 찰랑거리는 물통을 낑낑대며 들고 와서 조심스레 옥수수를 심은 땅 위에 물 한 컵을 흘려 주었다. 그러자 신기한 일이 벌어졌다. 땅이 물을 흡수하자마자 기다렸다는 듯이 옥수수 새싹이 고개를 내민 것이었다. 그때, 갑자기 주위가 어두워지기 시작했다. 얼굴을 들어 하늘을 보니 그 위로 물방울이 하나 둘 떨어져 내려오기 시작했다. 소나기였다. 잭은 소나기를 피해 집으로 뛰어갔다.

잭은 집에서 소나기가 멎기를 기다렸다. 몇십 분이 지나자 소나기가 그치고, 잭은 곧바로 옥수수를 심었던 곳으로 달려갔다. 흙탕물이 튀어 자신의 옷에 얼룩이 생기든 말든 그런 건 안중에도 없다는 듯이 펄쩍 뛰어 금세 그곳으로 갔다. 그리고 잭은 옥수수의 모습을 보고 입을 다물 수가 없게 되었다.

실로 놀라운 일이었다. 소나기 덕이었는지 옥수수가 구름을 뚫고 나갈 정도의 길이로 변해 있었던 것이었다. 잭은 구름 위 세상이 궁금해졌다. 고민 끝에 한번 올라가 보는 것도 좋을 거라 결정했다.

한참을 옥수수 줄기를 타고 올라가다 보니 어느 사이엔가 구름에 도착했다. 구름 위에 서서 주위를 둘러보니 안개 저 편에 아주 거대한 통나무집이 있었다. 잭은 그 통나무집을 향해 달려갔다.

그곳에는 거인이 살고 있었다. 거인은 잭만 한 크기의 닭에게,
"닭아, 내가 어디 좀 다녀올 테니 그동안 황금알 5개만 낳아 두려무나." 하고 중얼거리더니 집을 나서 안개 너머로 모습을 감추어 버렸다.
"이 닭이 황금알을 낳아 준단 말이지?"
혼잣말로 중얼거리며 이것이야말로 자신이 찾아왔고 바라 왔던 안락한 삶으로의 통로라고 생각한 잭은 거인 몰래 그 닭을 가지고 나와 버렸다. 난생 처음 해 보는 도둑질이었지만 죄책감은 들지 않았다. 일확천금이라는 생각에 눈이 뒤집혀 버린 것이었다.
평소 잭은 매일 굶지 않을 만큼의 재산을 바랐고 지금 그 바람이 이루어졌다. 잭은 이제 일확천금의 욕심이 사라질 것이라 믿었다. 하지만 잭의 욕심은 더 커져만 갔다. 결국 잭은 그 후에도 수차례 더 값진 물건들을 훔쳐 왔다. 그리고는 그 물건들을 모두 어마어마한 값에 팔았다. 그렇게 만든 돈으로 매일 진수성찬을 먹고, 집도 커다랗게 짓고, 땅도 사고, 훌륭한 생필품과 가구들까지 모조리 사들였다. 잭은 이제 정말로 욕심 따위는 없어질 거라 믿었다. 아니, 믿고 싶었고, 바랐다. 그러나…….
잭의 욕심은 점점 더 부풀어만 갔다. 그의 욕심은 잡힐 듯하면서도 어느새 저만큼 더 멀어져 달아나고, 잭은 그만큼 더 많은 값진 물건들을 거인의 집에서 훔쳐 와야 했다. 이제 그는 자신의 존재에 대해서도 망각해 버리고, 자신의 욕심만 좇는 욕망의 노예로 변해 가고 있었다.
어느 날 잭은 자신을 보고 혀를 차며 경멸에 가까운 눈초리를 하고 지나가는 노파를 보았다. 예전에 잭에게 옥수수를 준 노파였다. 갑자기 순간적으로 이제까지 자신이 벌인 일들의 기억이 머리를 가득 메웠다. 그제야 잭은 자신이 지금 어떤 꼴이 되어 버렸는지 알게 되었고 그동안 욕망이 가리고 있었던 죄책감도 한꺼번에 파도처럼 밀려왔다. 엄청난 후회와 함께.
잭은 거인의 물건을 도로 찾아 거인의 집에 갖다 놓기 시작했다. 자신의 잘못을 씻기 위해 모든 물건을 거인의 집에 되돌려 주자 잭은 자신이 드디어 해방되었다고 느꼈다. 그리고 오히려 이런 욕심은 자신을 자신이 아니게 만들어 놓는다는 것을 깨달았다. 잭은 지금 그대로의 모습에도 만족감을 느낄 수 있게 되었다. 그렇게 원해 왔던 행운들은 이제 잭의 마음에서 멀리 떠나 버린 지 오래였다. 그때부터 잭은 더욱더 근면하고 성실해졌으며, 자신을 제어할 수 있게 되었다. 욕망이라는 것의 어리석음을 깨달은 잭이 되어 있었다.

36차시 작품 발표와 평가

수업 목표

패러디 작품을 발표하고 평가한다.

아이들은 또래 친구들에게 가장 많이 배웁니다. 앞 시간에 쓴 패러디 작품들 가운데 잘된 작품을 골라 좋은 점과 아쉬운 점을 평가하면, 아이들은 재미있어 하고, 많은 것을 스스로 익히게 됩니다. 이때 뽑히지 않은 작품들은 특성이 같은 것끼리 묶어 함께 평가하면 좋겠지요.

이 시간은 36차시 독서수업의 마지막 시간인 만큼, 지금까지 수업에 대해 총괄 평가하고 아이들을 격려하여 이후에도 책 읽기 활동을 열심히 할 수 있도록 돕습니다.

수업 전개

① 아이들이 쓴 패러디 작품 가운데 내용이 좋거나 개성적인 작품을 4~5편 골라 평가합니다.
② 나머지 작품들은 유형별로 묶어 평가하고 격려합니다.
③ 지금까지 독서수업을 총괄 평가하며 아이들을 격려하고 앞으로도 꾸준히 책을 읽도록 당부합니다.

●● 활용 자료
아이들이 만든
패러디 작품
(【자료40】참조)

수업 결과에 대해 바로바로 피드백해 주는 일은 매우 중요합니다. 아이들은 수업 활동 중 많은 것을 배우지만, 결과물을 평가받으며 잘못된 점을 깨닫고 잘한 점에 대해서는 더욱 자신감을 가질 수 있습니다. 특히 공개적으로 칭찬을 받았을 때는 그 감동을 마음에 깊이 새기게 되지요.

아이들이 쓴 패러디 작품 가운데 내용이 기발하거나 알찬 것, 문제 제기를 잘 했거나 재미있는 것을 골라 평가하며 칭찬합니다. 뽑힌 아이들은 물론이고 친구들의 작품을 감상하는 아이들 역시 깊은 감동과 자극을 받을 수 있습니다.

나머지 작품들에 대해서도 같은 특성을 가진 것끼리 묶어 부족한 점과 잘된 점을 평가하고 격려합니다. 아이들은 굳어 있지 않아 적절한 기회만 만나면 부쩍부쩍 자랍니다.

또한 이 시간은 36차시 독서수업의 마지막 시간인 만큼 지금까지의 독서 활동에 대해 총괄 평가합니다. 독서수업의 의미를 되새겨 보고, 앞으로도 부지런히 책을 읽어 자신을 성장시켜 나가길 당부하면서 수업을 마칩니다.

6단계 · 작품 재창조하기

한 걸음 더!

- 1시간을 더 내어, 첫 시간은 아이들의 패러디 작품 발표와 평가, 마지막 시간은 36차시 독서수업에 대한 아이들의 소감 발표와 총괄 평가로 활용할 수 있습니다.
- 아이들이 만든 패러디 작품을 국어과 말하기 듣기 수업과 결합하여 모둠별 연극 수업으로 진행해도 좋습니다. 여건에 따라 간단히 입체 낭독 수준으로 끝낼 수도 있고, 무대장치와 의상, 소품, 분장까지 갖춰 진행할 수도 있습니다.(【자료41~47】참조)
- 아이들은 연극 수업을 힘들어하면서도 매우 흥미로워합니다. 미리 계획을 세워 진행하면, 재미뿐 아니라 표현력과 창의성, 협동심을 키워 줄 수 있습니다.

[자료41] 패러디 작품 연극 수업안

패러디 작품 연극 수업안

1. **수업 주제** : 기존 작품을 패러디하여 실연하기

2. **수업 목표** : 기존 작품을 패러디하여 공연해 봄으로써 작품 분석력과 창작력, 표현력과 협동심을 기른다.

3. **수업 내용** : 줄거리 쓰기 수업에서 활용한 작품 가운데 패러디하기 좋은 《행복한 청소부》《문제아》《얼굴 빨개지는 아이》를 택하여 패러디 작품을 만든 뒤, 연극, 인형극, 모의재판의 형태로 15분간 발표한다.

차시	수업 내용	비고
1	·연극 수업을 안내하고 모둠을 구성한다. 모둠 인원은 4~8명이 적당하다.	수업 안내문 나눠 주기
2	·모둠별로 활동 계획서를 쓰고 패러디 내용을 구상한다.	모둠별 계획서 제출
3	·패러디 작품을 만들고 연습한다. ·4차시는 2주 뒤에 진행됨을 알리고 그때까지 모둠별로 방과 후에 연습하도록 권유한다.	원고 초안 제출 (이틀 뒤에는 완성된 원고 제출) 2주간 진행 상황 점검
4 (2주 뒤 진행)	·공연 순서를 정하고, 총연습을 한다. ·공연할 때의 유의점을 일러둔다.	유의점 안내문 나눠 주기
5~7	·모둠별로 발표하고 평가한다.	공연 평가서 나눠 주기
8	·소감문을 쓰고 총평한다.	평가서와 소감문 걷기

4. **발표일** : ○○○○년 ○월 ○일 ~ ○○○○년 ○월 ○일

5. **평가 내용(총 20점 만점)**
   - **계획서를 포함한 과정 평가(5점)**
   계획서를 제때 안 내거나 주어진 시간을 제대로 활용하지 않을 때마다 1점씩 감점.
   - **발표 내용(10점)**
   내용성, 표현력, 성실성에 따라 A+(11점), A(10점), A-(9점), B+(8점), B(7점), B-(6점), C(5점), 안 하면 0점.
   - **관람 태도(5점 : 개인 점수 부여)**
   평가서, 소감문을 포함하여 관람 태도가 좋으면 5점, 보통이면 4점, 관람 태도가 나빠 경고를 받으면 1점씩 감점, 연극 공연 평가서, 소감문을 제출하지 않으면 2점씩 감점.
   * 총점이 20점을 넘을 경우에는 20점으로 처리함.

【자료42】 연극 수업 모둠별 활동 계획서

연극 수업 모둠별 활동 계획서

_____ 학교 _____ 학년 _____ 반

제출자 : 모둠장 _____ 모둠원 _____

■ 공연 주제 :

구분	모임 날짜	할 일	비고
1차 모임			
2차 모임			
3차 모임			
4차 모임			
5차 모임			

[자료43] 공연할 때 유의점

공연할 때 유의점

1. 공연할 때 유의점
① 무대 장치나 조명은 계획적으로 준비한다.
② 소품과 배경 음악은 순서대로 잘 챙겨 두었다가 사용한다.
③ 공연할 때는 특별한 경우가 아니면, 무대 중앙에서 정면을 향해 행동한다.
④ 자신이 작품 속 인물이 되어 말하고 행동한다.
⑤ 뒤에까지 들릴 만큼 큰 소리로 말한다.
⑥ 공연이 끝난 다음에는 관중을 향해 모두 나와 인사한다.

2. 관람할 때 유의점
① 마음을 열고 집중하여 보고 듣는다.
② 기존의 작품과 어떻게 다른지 판단하며 관람한다.
③ 작품에서 말하고자 하는 바가 무엇인지 생각하며 관람한다.
④ 작품의 내용성, 성실성, 표현력을 기준으로 나름대로 평가한다.
⑤ 절대 떠들지 않는다.

【자료44】 공연 평가서

연극 공연 평가서

_____ 학교 _____ 학년 _____ 반 _____ 번 이름 _____

■ 평가 기준

내용성, 표현력, 성실성에 따라 평가합니다.
전체적으로 매우 훌륭하면 A+, 잘하면 A, 보통이면 B, 부족하면 B-, 너무 불성실하면 C로 평가합니다.

공연자 (공연 모둠)	발표 제목	발표 내용	평가

※ 여러분의 평가를 바탕으로 실제 점수가 부여되니 신중히 평가해 주기 바랍니다.

【자료45】 아이들이 만든 패러디 작품(1)

코 빨개지는 아이

《얼굴 빨개지는 아이》 패러디

난우중학교 3학년 김나이

[Stage1]

나오는 사람 : ·코빨개 - 김나이 ·아이들 - 마기숙, 서경진, 김진희, 오유민

때는 1987년 어느 무더운 여름
(한 아이가 여러 아이들에게 놀림을 받고 있다.)
아이들 : 술 먹었대요~ 술 먹었대요~ 코빨개는 술 먹었대요~.
아이1 : (큰 목소리로) 니가 어른이냐! 만날 술 먹고 학교 오고!
아이들 : (박수 치며) 맞아, 맞아! (코빨개에게 공을 던진다.)
코빨개 : (고개 숙이며 흐느낀다.)

[Stage2]

나오는 사람 : ·코빨개 - 김나이 ·돈내놔 - 한정미 ·면접관 - 마기숙

16년 뒤…….
(코빨개 면접 보는 날. 앞에 면접관들이 앉아 있다. 면접관들끼리 수군거리며 코빨개를 흘겨본다. 코빨개 조용히 면접 장소를 빠져 나온다.)
삼△회사 L△회사 현△회사…… 난우중소기업
코빨개 : 코 때문이야. 내 코가 빨개서……. 이게 다 코 때문이야.
(난우중소기업을 빠져 나오던 코빨개, 회사 앞에 붙어 있는 전단지를 발견하곤 뭔가를 생각한다. 이때 돈내놔 새마을금고에서 돈을 들고 나오며 등장.)

코빨개 : 저 돈이면……. 코 수술을 할 수 있어. 아냐. 저건 내 돈이 아니잖아. 내 돈으로 해결해야 해. 그런데…… 내가 돈이 어딨어…….
어차피 경찰한테 잡힌다고 해도 취직 못해서 굶어 죽는 거보단 감옥에 가는 게 낫지.
잘만 하면 수술해서 취직도 할 수 있을 거고…….
그래, 나중에 좋은 일하면 용서가 될 거야.
(코빨개, 결국 돈내놔의 손에 들려 있던 돈뭉치를 들고 달아난다.)

[Stage3]

나오는 사람 : ·피고(코빨개) - 김나이 ·판사 - 오유민 ·검사 - 마기숙 ·변호사 - 김진희 ·증인(안빨개) - 서경진 ·원고(돈내놔) - 한정미 ·서기 - 장효원

때 : 2002년 9월 24일
곳 : 법원 형사과 제 1호실
(중앙에 서기, 좌편에 검사, 우편에 변호사, 방청석 맨 앞 중앙에 피고 코빨개가 앉아 있다. 이때 판사 등장.)
서 기 : 모두 일어서 주십시오.
(모두 일어서고 판사가 맨 위 중앙에 자리잡는다.)
서 기 : 모두 앉아 주십시오.
판 사 : 지금부터 돈을 훔쳐 기소된 피고 코빨개에 대한 재판을 시작하겠습니다. (탕탕탕) 먼저 피고. (코빨개 일어선다.) 피고의 이름이 코빨개이지요?
피 고 : 네.
판 사 : 생년월일은?

피 고 : 1979년 11월 26일입니다.
판 사 : 주소를 말하시오.
피 고 : 서울시 관악구 신림7동 99번지입니다.
판 사 : 가족관계는?
피 고 : 아버지, 어머니, 저, 여동생입니다.
판 사 : 지금은 누구랑 살고 있습니까?
피 고 : 친구랑 살고 있습니다.
판 사 : 가족들은 어디에 있습니까?
피 고 : 시골에 계시고 저 혼자 돈을 벌러 올라왔습니다.
판 사 : 됐습니다. 검사, 피고에 대한 논고를 시작하십시오.
(검사 일어선다.)
검 사 : 지금부터 피고와 원고는 제가 묻는 말에만 대답해 주십시오. 원고 돈내놔 씨는 2002년 9월 10일 오전 11시경 난우중소기업 앞에 있는 새마을금고에서 현금 300만 원을 인출해 들고 나가다 코빨개 씨에 의해 돈을 도난당할 뻔한 사실이 있습니까?
원 고 : 네.
검 사 : 그럼 피고 코빨개 씨는 새마을금고에서 돈을 들고 나오는 돈내놔 씨의 지갑을 훔친 사실이 있습니까?
피 고 : 네. 그렇습니다.
검 사 : 피고는 그것이 잘못된 행동임을 알았습니까?
피 고 : 네, 하지만…….
검 사 : 묻는 말에만 대답해 주세요. 피고는 코 수술을 명분으로 자기 돈이 아닌 남의 돈을 훔쳤습니다. 또한 그것이 잘못된 행동임을 인정하였습니다. 잘못한 행동임을 알고도 결국은 돈을 훔쳤다는 얘기입니다. 물론 이런저런 사정이 없는 것은 아닙니다만 원고 돈내놔 씨의 돈을 훔친 것은 명백한 잘못입니다. 또한 돈내놔 씨의 돈이 급한 것일 수도 있습니다. 그렇다면 코빨개 씨는 자기의 결점을 고치기 위해 다른 사람에게 큰 피해를 줄 뻔한 것입니다. 어찌 되었든 코빨개 씨는 돈을 훔친 잘못이 있습니다. 법에서는 일의 원인보다는 결과를 중요하게 여기는 것을 잘 알고 계실 겁니다. 존경하는 재판장님, 이런 이유로 본 검사는 코빨개 씨에게 징역 5년을 요구하는 바입니다.
판 사 : 검사 측 피고에 대한 논고를 끝내셨습니까?
검 사 : 네.
(검사 자리에 앉는다.)
판 사 : 변호사 측 피고에 대한 변호를 시작해 주십시오.
(변호사 일어선다.)
변호사 : 피고 코빨개 씨는 선천적으로 코가 빨개 어렸을 때부터 놀림을 받았습니다. 어른이 되어서도 코가 빨갛다는 이유로 술주정뱅이라는 오해를 받아 면접을 볼 때마다 떨어지게 되었습니다. 마지막 희망을 가지고 봤던 난우중소기업의 면접도 면접관의 표정으로 떨어질 것을 예상하고 낙심을 하며 회사를 빠져 나오다 우연히 코 수술을 해 준다는 전단지를 발견하고는 수술을 하기로 결심하였습니다. 그러나 변변한 직장 하나 구하지 못해 돈이 없던 피고는 그 자리에서 한참 고민하다가 새마을금고에서 현금을 인출하는 원고 돈내놔 씨를 보게 되었습니다. 처음엔 망설였으나 이 상태로는 아무런 직장을 구하지 못할 거라고 생각한 코빨개 씨에게 이것은 최후의 방법이었던 것입니다. 존경하는 재판장님, 증인을 신청합니다.
판 사 : 증인 들어오십시오.
(증인 들어온다.)
판 사 : 증인, 진실만을 말할 것을 맹세합니까?
증 인 : 네. 맹세합니다.
변호사 : 증인은 코빨개 씨와 한집에 살고 있는 친구 안

3장_단계별 독서수업 들여다보기 209

빨개 씨가 맞습니까?
증　인 : 네.
변호사 : 평소 코빨개 씨의 생활은 어떠했습니까?
증　인 : 코빨개는 일자리를 구하려 했지만 코가 빨갛다는 이유 때문에 직업을 갖지 못하고 마음 아파하며 방황하는 하루하루를 보냈습니다. 그러면서도 계속 직업을 구해 보려고 했습니다. 곁에 있는 친구가 보기에도 너무 안쓰러웠습니다. (고개를 숙이며 흐느끼려 한다.)
변호사 : 증인, 여기까지 와 주셔서 감사합니다. 존경하는 재판장님, 비록 피고가 돈을 훔쳤다고는 하나 거기엔 그럴 수밖에 없는 상황이 있었습니다. 어렸을 때부터 지금까지 사람들의 장난 어린 말과 오해로 인해 평생 가슴에 상처를 받아 온 사람입니다. 돈을 훔친 뒤에는 자신의 잘못을 인정하고 반성도 했습니다. 그러므로 피고 코빨개 씨에게 징역은 너무 가혹하다고 생각합니다. 저는 코빨개 씨의 무죄를 요구하는 바입니다.

(한참 뒤)
판　사 : 이번 사건은 선천적인 얼굴 빨개지는 병에 의해 고통을 받으며 자라 온 피고의 정상이 참작되어 징역 5년은 가혹하다고 생각됩니다. 그러나 돈을 훔친 것은 잘못이므로 피고 코빨개 씨에게 징역 1년을 선고하며 이 사건을 마무리 짓겠습니다. (탕탕탕!)

[stage 4]
나오는 사람 : ・코빨개 – 김나이 ・안빨개 – 서경진
・교도관 – 마을

(3개월 뒤, 감옥 안. 코빨개 풀이 죽어 있는데…….)
교도관 : 코빨개 면회.
(코빨개 면회방으로 간다.)

안빨개 : 오랜만이다. 지낼 만해?
코빨개 : (고개 숙이고 끄덕끄덕)
안빨개 : 왜 이렇게 힘이 없어?
코빨개 : …….
안빨개 : (책을 내밀며) 심심할 때 읽어.
코빨개 : (한숨을 쉬며 귀찮다는 듯) 그래. 너는 잘 지내지?
안빨개 : 웬 한숨이야. 기운 좀 내고 살아라.
교도관 : 면회 끝.
(교도관이 코빨개를 데리고 들어간다.)
안빨개 : (고개를 숙이고 한참 있다가 눈물을 훔치고 나간다.)
코빨개 : (돌아와서 책을 던져 놓고 쳐다보고만 있다가) 그래. 읽어나 보자. (책장을 넘긴다. 다 보고 나서 눈물을 흘린다.) 그래. 나도 언제까지 이렇게 살 순 없어. 열심히 살아 보는 거야.
(감옥 안에서도 열심히 공부한 코빨개, 드디어 1년형을 다 치르고 석방되었다. 바닥부터 열심히 일을 하며 틈틈이 공부한다.)

[Stage5]
코빨개 : 나도 이제 어엿한 사장이야.
(그때 친구가 준 책이 눈에 보인다.)
코빨개 : 흠……. 나도 자서전을 써 볼까? (안빨개에게 전화한다.)
(RRRR)
안빨개 : 여보세요?
코빨개 : 응, 난데~. 나…… 자서전 써 보고 싶은데……. 어떻게 생각해?
안빨개 : 자서전?
코빨개 : 응. 니가 저번에 나한테 준 책 있잖아. 그거 보고 많이 느꼈거든. 혹시 나처럼 살아온 사람들이 있다면 그 사람들한테 하고 싶은 말이 많아. 그게

결국 나 자신한테 하고 싶은 말이겠지? 쿡.
안빨개 : 그래. 괜찮겠다. 잘할 수 있지?
코빨개 : 응! 노력할 거야. 나 도와줄 수 있지?
안빨개 : 물론이지~. 걱정 마.
코빨개 : 그래. 고맙다 친구야~. 그럼 끊을게. 집에서 봐.
안빨개 : 그래~. (전화를 끊는다. 전화기를 바라보며) 잘 될 거야!

[Stage6]
"너희가 코빨개를 알아!?"
안빨개 : (코빨개에게 전화한다.)
(RRRRRRR)
코빨개 : 여보세요?
안빨개 : (기뻐하며) 코빨개! 축하한다!
코빨개 : 뭐가?
안빨개 : 니 책이 베스트셀러에 올랐어!!
코빨개 : 정말? 안빨개! 다 니 덕이야. 정말 고마워!
안빨개 : 내 덕은 무슨…….
코빨개 : 아니야. 오늘 술 한잔 할까? 내가 살게.
안빨개 : 술? 너 코 더 빨개지면 어떡하냐? 하하.
코빨개 : 하하. 지금은 내 코가 빨간 게 너무 감사하다. 정말 감사해……. 정말…….
안빨개 : (분위기를 바꾸려는 듯) 정말 니가 사는 거지? 그럼 내가 너희 회사로 갈게. 이따 봐.

[stage 7]
(코빨개 주위에 사람들이 줄 서 있다.)
사람들 : (코빨개의 싸인을 받으러 몰려든다.)
코빨개 : (흐뭇한 미소를 지으며 책에 사인을 해 사람들에게 건넨다.)
안빨개 : (역시 흐뭇한 미소를 지으며 코빨개 옆을 지킨다.)

[Stage8]
나오는 사람 : ·코빨개 - 김나이 ·MC - 미정

(MC 무대 중앙에 등장. 화면에 코빨개의 모습이 비춰지고 Stage7의 모든 등장 인물이 정지!)
M C : 지금까지 코빨개 씨의 파란만장한 인생 대역전을 보셨습니다. 어려움을 딛고 다시 일어선 코빨개 씨를 보며 우리는 다시 한 번 할 수 있다는 희망을 가지게 된 게 아닌가 싶습니다.
(코빨개 등장)
코빨개 : 여러분! 세상에 포기란 없습니다. 또한 나올 때부터 정해진 운명이란 것도 없습니다. 우리가 잘 알고 있는 훌륭한 사람들은 어렸을 때부터 남들과는 다른 재능을 가졌다고 알고 있습니다. 하지만 전 그러한 재능도 행복도 가지고 있지 않았을 뿐 아니라 오히려 코가 빨갛다는 이유로 놀림감이 되고 번번이 취직 시험에 떨어지곤 했습니다. 하지만 지금은 그 누구도 부럽지 않은 멋진 삶을 살고 있습니다.
너무 일찍 포기하지 마세요. 좋은 일은 언제나 빨리 오지 않습니다. 어떤 변화는 시간이 걸립니다. 변화에 필요한 시간을 투자하세요. 그러면 그 결과에 스스로 놀라게 될 겁니다. 그리고 기뻐할 것입니다. 지금의 저처럼 말이죠.^^

- 끝 -

[자료46] 아이들이 만든 패러디 작품(2)

불행한 청소부
《행복한 청소부》 패러디

난우중학교 3학년 9반 3모둠 공동작

나오는 사람들 : 청소부, 청소부 아내, 청소부 아들, 청소부 딸, 청소부 어머니, 의사

막이 오르면, 해설자 등장.
해설자 : 안녕하셨습니까, 만장하신 여러분. 저는 오늘 여러분들께 질문 하나를 던지고자 합니다. 청소부, 아, 청소부, 그는 왜 울어야만 합니까?

[장면1] 서울 신림동 거리
서울 신림동의 비 오는 새벽 거리. 쓰레기가 잔뜩 쌓인 수레를 끄는 청소부와 뒤를 밀며 따라오는 청소부 큰아들이 대화를 나눈다.

큰아들 : 아빠, 우리는 언제나 가난을 면할 수 있을까요?
청소부 : 열심히 살다 보면 언젠가는 좋은 날이 오겠지.
큰아들 : 언제 우리가 열심히 살지 않은 날이 있었나요?
청소부 : 우리가 힘이 없어서 그런 걸 어쩌. 망할 놈의 세상이 어찌 갈수록 이렇게 팍팍헌지. 너 힘들지야? 못난 애비 만나 니가 고생이구나.
큰아들 : 아빠, 《행복한 청소부》라는 책 읽어 보셨어요?
청소부 : 아, 니가 만날 들고 다니던 그 책? 니가 하도 열심히 보길래 나도 들여다보긴 봤다만, 그게 뭔 소리다냐. 무슨 청소부가 아는 것이 그렇게 많어. 그리고 음악가가 다 뭐여?
큰아들 : 그렇죠? 그 사람은 청소부면서 돈도 많은가 봐요. 매주 음악회에도 가고. 기억나세요? 전에 아빠가 그렇게도 가 보고 싶었던 〈태진아 쇼〉. 그 입장료가 30,000원이나 되었잖아요. 그래도 우리는 아빠가 엄마랑 할머니 모시고 꼭 가서 보셨으면 했는데, 아빠가 "그 돈을 다 쓰면 우리 식구는 한 달을 쫄쫄 굶어야 혀." 하면서, 나중에 돈을 많이 벌게 되면 가자고 했잖아요.
청소부 : 사람은 자기 분수를 알아야 헌다. 그 행복한 청소분가 뭐가 허는 것은 다 지어낸 이야기여. 세상에 교수직을 마다허고 청소부로 남겠다는 사람이 어디 있어?
큰아들 : 좀 억지스럽죠? 하지만 독일이라면 불가능한 이야기도 아닐 거예요. 거기 청소부도 당당한 직업으로 대우해 주고 월급도 일반 회사원이랑 똑같이 준다던데.
청소부 : 세상에 그런 나라가 어디 있겠냐. 그러면 누가 그 힘든 공부를 헌다고 허겄어. 내가 대통령이라도 그렇게는 안 허겄다.
큰아들 : 아빠, 노동일도 얼마나 힘든 일인데요. 전 공부할래, 노동일할래, 하면 공부하지 노동일 안 하겠어요. 전 공부는 해도 일은 못하겠던데…….
청소부 : 정말로 청소부를 무시하지 않는 나라도 있다냐?
큰아들 : 그럼요, 그런 나라가 생각보다는 꽤 많아요. 만일 아무도 청소부가 되겠다는 사람이 없어 봐요. 이 거리가 어떻게 될지. 청소부는 정말 중요한 직업이라구요. 그러니까 그만한 대우를 해 주는 게 당연한 거예요.
청소부 : 내가 허는 일이 중요허긴 중요허지. 내가 하루만 청소를 안 혀 봐라. 어이고, 못 봐 줘, 못 봐

줘. 글씨, 작년 여름인가 내가 눈병에 걸려 청소를 한 이틀 못했을 때 말여, 아이고, 가관이더라, 가관. 뭔 거리가 그렇게도 더럽다냐. 여기저기 쌓여 있는 쓰레기 더미에 웬 놈의 파리 떼가 그렇게 득시글대든지. 그리고 뭔 놈의 사람들이 그렇게 거리에다 오물을 쏟아 놓았다냐. 고자리가 고물고물한 것이, 윽, 내가 그걸 치우느라고 애먹었다, 애먹었어.

큰아들 : 아빠, 내가 나중에 대통령이 되면 청소부 월급 많이 올려 줄게요. 기다려 보세요.

청소부 : 뭣이라고야? 나더러 꼬부랑깽깽 할배가 될 때까지도 청소부를 하고 있으란 말이여? 그것도 대통령 애비가?

큰아들 : 하하하. 그렇게 되나요. 그래도……. 아빠는 아니더라도 청소부 월급은 많이 올려 줘야 돼요. 비가 오나 눈이 오나 새벽같이 일어나 이렇게 고생하는 사람들에게는 그만한 대우를 해 줘야 된다고요.

[장면2] 청소부네 안방
청소부 아내와 어머니는 봉투를 만들고 있고, 딸은 한쪽 다리만 들었다 놨다 하며 엎드려 공부하고 있다.

아 내 : 어머니, 그만 두세요. 눈도 어두우시면서.
어머니 : 옛날 한석봉이 엄마는 눈 감고도 떡을 썰었다잖여? 봉투 부업한 지가 20년도 넘는디 이거 하나도 못할까 봐서?
아 내 : 그래도, 눈이 자꾸만 아프다시니까 겁이 나잖아요.
어머니 : 괜찮어, 괜찮어, 내 병은 내가 알어. 내가 다 알아서 할 꺼니께 걱정 말어.
아 내 : 그래도 병원에는 한번 가 봐야 하지 않겠어요? 전에는 눈이 아프다고는 하지 않았잖아요.

어머니 : 아, 괜찮다니께. 그럴 시간 있으면 빨리 봉투 하나라도 더 만들어―어. 우리 승기 대학 보내려면 부지런히 벌어야잖여. 요새 그런 아 없다 잉―. 참말 효자다니께. 봐라, 오늘 새벽 비가 오니께 아빠 혼자 일 나가는 게 안돼 보인다고 굳이 지가 따라나서잖여. 모처럼 일요일인데 늦잠이라도 푹 잘 것이지 말여. 고놈이 참말로 별나다 잉, 별나. 아, 김씨네 아들은 지 아빠가 청소부인 게 챙피허다고 만날 지 애비헌티 행패를 부린다잖여. 나쁜 놈의 새끼, 지가 아빠 없으믄 어디서 태어났다냐, 태어나길. 쯧쯧.
아 내 : (눈물을 훔치며) 참말로 우리 승기 같은 애는 없구만요. 애가 얼마나 속이 깊은지. 걔는 아빠를 무시하기는커녕 항상 미안해하고 고마워한다니까요. 지들 때문에 아빠가 고생한다고.
어머니 : (봉투를 붙이려다 오른쪽 눈을 감싸며) 앗! 아이고, 아이고 내 눈이 왜 이런다냐!
아 내 : 앗, 어머니, 어머니, 왜 이러세요, 어머니!

[장면3] 병원
청소부 어머니는 오른쪽 눈에 안대를 한 채 바깥 의자에 앉아 있고, 아내는 거드름을 잔뜩 피우는 의사와 마주 앉아 있다.

아 내 : 저, 괜찮은가요?
의 사 : 아니, 대체 어찌 저 지경이 될 때까지 그냥 놔두셨수? 백내장이 너무 심해요. 바로 수술하지 않으면 두 눈이 다 실명되게 생겼어. 오른쪽 눈은 수술해도 어찌 될지 잘 모르겠고. 아니, 어째 사람들이 그 모양입니까?
아 내 : 옛? 그럼 장님이 된다는 말입니까?
의 사 : 한쪽 눈은 수술만 잘되면 괜찮아질 테니 장님은 면할 거요.

아　내 : 수술비는 얼마나……?
의　사 : 수술비? 얼마 안 돼. 한 150만 있으면 되지.
아　내 : 네? 150?
의　사 : 아니 그만한 돈도 없수? 돈 없으면 수술 못해. 우리 병원은 그래도 싼 거야. 바로 수술 들어가지 않으면 장님이 된다니까. (귀찮다는 듯) 알아서 해요. 입원 수속을 밟든지 말든지. 자, 그만 나가 봐요. 다른 환자들 기다리니까.
(아내 꾸벅 절을 하고, 비틀거리며 나온다.)

[장면4] 다시 방 안
한쪽 방에서는 손자, 손녀, 할머니가 잠자고 있고, 한쪽 방에서 부부가 소곤거린다.

아　내 : 여보, 어떡하면 좋아요?
청소부 : (한숨을 푹 쉬며) 어떡허긴 뭘 어떡혀? 내일 당장 입원 수속 밟어.
아　내 : 돈이 하나도 없는데. 당신 월급 90만 원에서 집세 30만 원 내고, 공과금 내고, 쌀 사고, 승기 등록금 내고 나니 한 푼도 안 남더라고요. 진희네 기숙이네 지나네에서 빌린 돈도 많은데……. 그리고 전에 지수 다리 수술에 어머니 장 수술 때문에 융자 받은 돈도 많고. 어디 가서 또 돈을 빌린대요?
청소부 : 그럼, 어머니를 장님으로 만들라는 거여 뭐여?
아　내 : 아니, 그런 게 아니라, 돈이 없으니까…….
청소부 : (휴, 한숨을 쉬며) 우리는 지금까지 열심히 일해 왔는디, 어찌 조금도 형편이 펴지질 않는 것이여. 참말로 팍팍해서 못 살것네. (일어나 앉아 담배를 피우며) 행복한 청소부? 좇도 아녀. 뭔 청소부가 행복혀? 새벽부터 저녁 늦게까지 일해 봤자 월급 90만 원 주는디, 다섯 식구가 어떻게 살란 말이여. (허공을 바라보며 담배 연기를 길게 뿜어낸다.)
(다시 한숨을 길게 쉬고) 아이고 참말로 이 일을 어떡헐 거나, 어떡혀. 우리 오매, 불쌍한 우리 오매, 이 일을 어떡헐 거나. 참말로 이놈의 세상이 싫다니께, 싫어-. (흑흑흑 흐느껴 운다.)

- 끝 -

3장_단계별 독서수업 들여다보기 215

【자료47】 연극 수업 소감문

연극 수업 평가와 소감

관악중학교 2학년 박유미

연극을 준비하면서 가장 먼저 느낀 것은 '연극'이 결코 쉬운 것이 아니라는 것이었다. 패러디 대본을 쓰면서 지문 하나, 대사 하나도 많은 생각 끝에 이루어지는 것이라는 걸 알았고, 어떤 배역에 어떤 의상을 입히고 배경은 몇 개를 만들며 음악은 어떤 것으로 할지, 내레이션은 마이크를 들고 할지 말지에 관한 세세한 것부터 연기, 연극의 흐름과 같은 큰 문제에 이르기까지 고난의 연속이었다. 하지만 우리는 준비하면서 '이렇게 하는 것이 좋겠다.' 하는 자기 주장을 맘껏 펼칠 수 있었고, 다른 이들의 의견을 듣고 자기 생각과 다르더라도 포용하고 적절히 받아들이는 큰마음까지 배울 수 있었다. 그리고 친구들의 새로운 면도 많이 보게 되었고, 다른 모둠끼리 보이지 않는 경쟁을 하면서도 함께 의상을 나누거나 '우리는 이렇게 할 거야.' 하는 이야기들이 끊이지 않아 좋았다. 정말 교실이 살아 움직이는 것 같았다.

공연을 하면서, 뜻대로 되지 않아 초조해하고 속상했다. 그리고 연습과는 확연히 다른, 말 그대로 많은 관객들에게 보여 주는 '공연'이었다. 여럿이 해서 많이 떨리지는 않았지만 열심히 준비했던 만큼 보여 주지 못해 아쉬움이 많이 남았다. 하지만 친구들의 많은 호응 덕에 즐거웠고, 서로에게 '수고했다' '잘했다'는 말로 위로했다. 어쨌든 우리는 최선을 다했고, 관객들은 15분의 공연을 봤지만, 우리는 그 결과 뒤의 힘들고도 보람찬 과정을 알고 있었기에 모든 것이 뿌듯했다.

다른 모둠들의 연극을 보면서 정말 즐거웠다. 우리와는 다른 방식으로 표현하고 준비한 것이 감탄스럽기도 하고, 감히 평가를 내려 보기도 하고, 우리가 어떻게 비춰졌을지에 대해 상상도 할 수 있었다. 여장 남자에 대해 웃기도 하고, "대사를 잊어버렸다."고 솔직하게 말하는 부분에서는 한바탕 교실이 떠나갈 듯 친구들과 웃었다. 공연을 보면서도 내가 연극 연습을 하기 전과 한 후에 연극을 바라보는 시선이 달라지고 더 좋아진 것 같아 기분이 좋았다.

여러 가지로 많이 미흡한 공연이었지만, 정말 노력한 만큼 얻은 것도 많았고 즐거웠다. 연극을 끝내니까 참 후련하기도 하고, 뭔가 텅 빈 듯한 느낌도 든다. 한 달 동안 열심히 노력한 친구들에게 박수를 보내고 싶다. 그리고 허락이 된다면 나에게도.

다음에 또 이런 기회가 주어지면, 그땐 더 잘할 수 있을 것 같다.

도움 받은 책

- 파이데이아 제안 모티머 J. 애들러 지음, 신득렬 옮김, 양서원, 1993
- 독서교육의 이론과 방법 신헌재·권혁준·우동식·이상구 지음, 박이정, 2000
- 우리 아이, 책 날개를 달아 주자 김은하 지음, 현암사, 2000
- 실패한 교육과 거짓말 노암 촘스키 지음, 강주헌 옮김, 아침이슬, 2001
- 생각을 넓혀 주는 독서법 모티머 J. 애들러·찰스 반 도렌 지음, 독고 앤 옮김, 멘토, 2000
- 통합적 독서교육 상·하 형지영 지음, 인간과자연사, 2001
- 독서교육 길라잡이 책으로 따뜻한 세상 만드는 교사들 지음, 푸른숲, 2001
- 희망의 교육학 파울로 프레이리 지음, 교육문화연구회 옮김, 아침이슬, 2002
- 촘스키, 누가 무엇으로 세상을 지배하는가 드니 로베르·베로니카 자라쇼비치 인터뷰, 레미 말랭그레 그림, 강주헌 옮김, 시대의창, 2002
- 세계화와 그 불만 조지프 스타글리츠 지음, 송철복 옮김, 세종연구원, 2002
- 문학 중심 독서지도 한철우·김명순·박영민 지음, 대한교과서주식회사, 2001
- 공부에는 왕도가 있다 전정재 지음, 한국방송출판, 2001
- 협동적 학습을 위한 45가지 교실 수업 전략 Doug Buehl 지음, 노명완·정혜승 옮김, 박이정, 2002
- 각주와 이크의 책 읽기 이권우 지음, 한국출판마케팅연구소, 2003
- 프레이리의 교사론 파울로 프레이리 지음, 교육문화연구회 옮김, 아침이슬, 2000
- 외국의 국어 교육과정1 우리말교육연구소 엮음, 나라말, 2003
- 학교 도서관 길 찾기 김종성 지음, 나라말, 2004
- 학교 도서관의 나아갈 길 김종성, 전국학교도서관담당자 2003년 여름직무연수 자료집, 전국학교도서관담당교사모임 엮음, 2003

이 책을 쓴 선생님들은

강애라 선생님

"학교 도서관이 인연이 되어, 여러 선생님들과 함께 고민한 시간들이 저에게는 큰 배움이었습니다. 최선을 다하지 못한 마지막 원고를 보니, 제 게으름으로 특히나 백 선생님께 큰 짐이 된 듯해 마음이 무겁습니다.

하얀 도화지가 아이들 같다는 생각을 합니다. 훌륭한 그림이 되려면 도화지에 그릴 아름다운 풍경이 있어야 하고, 그 아름다운 풍경을 보는 눈이 있어야 하며, 그것을 그려 낼 능숙한 손놀림과 색들이 서로 조화를 이루어야 하겠지요.

도서관에 가득한 책들이 아름다운 풍경이라면 능숙한 손놀림은 독서 활동을 통한 생각의 훈련이겠지요. 그리고 아름다운 것을 많이 보다 보면, 그 아름다움을 더 잘 볼 수 있는 눈이 생겨날 것입니다. 제가 한 작은 노력들이 아이들이라는 도화지에 그려질 훌륭한 그림이 되기를 갈망합니다."

서울 국사봉중학교에서 국어를 가르치는 선생님은 아이들에게 꿈을 갖게 하는 교육을 하고 싶어합니다. 꼭 이루고 싶은 간절한 꿈을 키우고, 이를 구체화시키고, 세밀하게 목표를 세울 수 있게 돕는 프로그램을 책 읽기와 연관해 만들고 실천하고 싶답니다.

백화현 선생님

"참 숨 가쁘게 달려왔다. 몇 년째 눈이 아프도록 책을 읽고 컴퓨터를 들여다본 것 같다. 그래도 행복했다. 책은 내게 꿈을 주고, 자유를 주고, 뜨거움을 준다. 새 책을 마주했을 때, 나는 늘 설렌다. 우리가 쓴 이 책도 누군가에게 설렘을 줄 수 있을까? 그것은 이제 읽는이의 몫이다. 민들레 홀씨처럼 바람 따라 날아가, 그곳에서 새롭게 예쁜 꽃을 피워 내길 바랄 뿐이다."

관악중학교에서 국어를 가르치는 선생님은, 사람은 누구나 교육을 통해 자신의 인성과 재능을 키워 나갈 권리가 있다고 말합니다. 하여 학교 교육에서 가장 공을 들여야 할 것은 아이들에게 선한 정신과 스스로 공부할 수 있는 힘을 키워 주는 일이라고 생각하지요. 선생님은 이런 국가, 이런 학교를 만들어 가기 위해 끊임없이 노력하고 있답니다.

송경영 선생님

"책이랑 있으면 언제나 행복했다. 가슴 설레며 서점에 가서 보물찾기를 하듯 흥분하며 책을 고르고, 사 온 책을 읽으면서 가슴 저린 감동에, 치열한 사고의 확장에 깊고도 넓어지는 나를 발견하고, 다 읽은 책을 서가에 꽂을 때는 세상 중요한 일은 다 해낸 듯한 희열에 젖는다. 또 그렇게 꽂아 둔 책이 가득 들어찬 서가를 바라보는 마음은 어떤가? 이 세상에서 가장 부자가 된 느낌. 그건 책이 우리에게 줄 수 있는 무한한 충족감이다.

교사가 되어서도 책을 통해 누리는 이 행복을 아이들에게 나누어 주고 싶었다. 그래서 늘 '책을 읽어라.'는 주문을 입에 달고 살았다. 그러나 주변에 가득한 오락거리 속에서 아이들 스스로 책을 읽기는 어렵다는 걸 깨달아 갈 즈음, 백화현 선생님을 비롯한 도서관분과 선생님들을 만나게 되었다. 학교 도서관의 중요성에 공감하면서, 그리고 체계적인 독서교육을 통해 독서 능력을 향상시킬 수 있다는 믿음으로 단계별 독서 수업 프로그램을 수업 시간에 적용해 보게 되었다. 책이 아이들을 유혹하기 시작하자, 잠자고 있던 도서관은 먼지를 툭툭 털며 깨어나기 시작했다. 아이들 한 명 한 명이 우뚝 서기 시작했다. 책이 선사하는 행복을 나만큼이나 절절히 느끼는 아이들도 늘어 갔다. 그리고 난 책이 변화시키고 키워 내는 아이들을 바라보며 책 때문에 예전보다 훨씬 더 행복하다."

아이들에게 책이 주는 충만감을 맛보이고 싶은 욕심에 책 읽으라는 말을 입에 달고 사는 국어 선생님입니다. 책 읽는 아이들이 스스로 서고 이웃과 나눌 줄 알고 지속 가능한 인류의 미래를 열어 가리라는 희망을 안고 살아간답니다.

이현숙 선생님

"학교에서 도서실 업무를 맡은 지도 올해로 5년이 되었다. 처음 학교 도서실에 관심을 가질 때 해도 도서실은 무척 을씨년스럽고 황량했다. 추위가 유독 가시지 않던 먼지 쌓인 도서실을 정리하며 마음속으로 꿈꾸던 도서실의 모습은 많은 사람들의 관심 속에 조금씩 그 꼴을 갖추어 가고 있다.
이제는 학교마다 자리 잡기 시작한 도서실을 놓고 새로운 고민을 해야 할 시점이 되었다. 그동안 도서실을 만들고, 학생들을 도서실로 끌어들이기 위한 여러 방안들이 연구되었다면, 이제 도서실을 이용해서 실질적인 교육을 할 방법들을 구체적으로 모색해야 한다. 이 수업은 그러한 고민에서 출발하고 있다.
나는 생활국어 시간을 이용해서 2년째 단계별 독서수업을 진행하고 있다. 독서 동기를 북돋운 다음 책을 통해 만나는 아이들은 국어 시간과는 달리 놀랍게도 매우 총명했고 살아 있는 기운을 느낄 수 있었다. 그동안 책을 읽으며 만나는 수많은 등장 인물들의 만남과 대화가 토론으로 연결되기도 하고 연극으로 펼쳐지기도 하면서 자유롭게 드러나는 아이들의 영혼을 접할 때 교사로서 깊은 행복감을 맛보기도 했다."

'커 나가는 아이들에게 아무리 주어도 부족한 것은 믿음과 애정'이라고 말하는 선생님은 영등포여자고등학교에서 아이들을 가르칩니다. 교육은 멀리 있지 않고 아이들과 함께 나누며 살아가는 삶 그 자체에 있음을 늘 생각하면서, 아이들에게 뭔가 주고 싶은 마음으로 열심히 노력하고 있답니다.

주상태 선생님

"책과 함께할 수 있는 시간은 너무나 즐거웠다. 책 속에 묻혀서 책 속 주인공과 이야기를 나누고 같이 노래하면서 지낸 시간들이 너무 즐거웠다.
이런 나와는 달리 책과 멀리 떨어져 있던 아이들, 그러나 이 수업을 진행하면서 아이들은 도서관 가는 것을 즐거워하기 시작했고, 책을 읽고 하는 다양한 활동에 익숙해졌다. 책에 대해 질문하는 아이들이 많아졌고, 도서관에서 아이들을 만나는 횟수가 늘어났다.
책이 없으면 우리 교육은 없다. 제대로 된 교육이 없으면 우리의 미래도 없다. 그것을 구체적으로 실현시킬 여러 가지 방법이 나와야겠다. 그래서 무엇보다 이 수업을 진행하면서 가슴 뿌듯함을 느꼈고, 책 이야기를 많이 할 수 있어서 즐거웠다.
끝으로, 이 책을 만드는 시간들은 글쓰기를 다시 시작하는 계기가 되었다. 많은 것을 배울 수 있는 즐거움을 새삼 느끼는 행복한 시간들이었다."

중대부속중학교에서 국어를 가르치는 선생님은 "책이 없으면 미래가 없다."며 독서교육의 중요성을 강조합니다. 가르치면서 배운다는 마음가짐으로 아이들을 대하고, 항상 즐겁고 유익한 국어수업을 위해 애쓰고 있습니다.